北京外国语大学“双一流”重大标志性
项目“中国儿童英文阅读理论与实践研
究（2020SYLZDXM017）”研究成果

儿童英语阅读研究丛书

丛书主编◎陈亚平

信息技术环境下
儿童英语阅读教学游戏
设计与制作

杨　丽◎著

首都师范大学出版社
CAPITAL NORMAL UNIVERSITY PRESS

图书在版编目(CIP)数据

信息技术环境下儿童英语阅读教学游戏设计与制作/杨丽著. —北京：首都师范大学出版社，2022.12

(儿童英语阅读研究丛书 / 陈亚平主编)

ISBN 978-7-5656-7328-3

Ⅰ.①信… Ⅱ.①杨… Ⅲ.①英语—阅读教学—儿童教育—教学研究 Ⅳ.①H319.37

中国版本图书馆 CIP 数据核字(2022)第 228858 号

XINXI JISHU HUANJING XIA ERTONG YINGYU YUEDU JIAOXUE YOUXI SHEJI YU ZHIZUO

信息技术环境下儿童英语阅读教学游戏设计与制作

杨　丽　著

责任编辑　董　晴

首都师范大学出版社出版发行

地　址　北京西三环北路 105 号

邮　编　100048

电　话　68418523(总编室)　68982468(发行部)

网　址　http://cnupn.cnu.edu.cn

印　刷　北京印刷集团有限责任公司

经　销　全国新华书店

版　次　2022 年 12 月第 1 版

印　次　2022 年 12 月第 1 次印刷

开　本　710mm×1000mm　1/16

印　张　8.25

字　数　135 千

定　价　32.00 元

总　序

中国儿童语言研究中心隶属于北京外国语大学英语学院，2019年5月17日正式挂牌。中心密切关注国际先进教育理论和二语习得理论的发展，倡导开展针对中国儿童、青少年的二语习得理论和实证研究，致力于推动国内儿童外语发展，并为高校研究人员、中小学外语教研员和一线英语骨干教师搭建交流平台。

2020年中心成功申请了北京外国语大学双一流重大标志性项目“中国儿童英文阅读理论与实践研究(2020SYLZDXM017)”，本系列丛书是该项目的一部分。丛书秉承学术价值和实用实操便利相结合的原则，既能为儿童英语阅读研究者提供参考，又能提升中小学英语教师和培训机构教师的理论与实践水平。本套丛书共六本，作者(编者)均为中心研究员。

《基础英语阅读与阅读素养的培养》从教学理念、教学策略、儿童阅读心理等方面，以教学实证研究和课例展示相结合的方式，探讨基础英语阅读的发展模式以及阅读素养培养的途径；《具身认知视角下儿童词汇和阅读发展研究》以具身认知为出发点，介绍具身认知核心思想和理论以及该思潮在儿童认知和语言发展中的体现，并展望具身认知在儿童词汇和阅读研究及应用中的潜在价值；《英语阅读与儿童英语阅读：理论与实践》通过反思人类学习，科学地分析了英语阅读及其分类、要素以及儿童英语阅读的相关问题，将一般意义的英语阅读与儿童英语阅读相结合，帮助读者了解英语阅读过程并了解儿童英语阅读的特点，该书还提供了一些可供儿童英语阅读教学借鉴和参考的操作建议；《信息技术环境下儿童英语阅读教学游戏设计与制作》借助多媒体技术，将儿童英语阅读与词汇学习、阅读策略改进、阅读速度提升游戏相结合，为中小学教师及家长提供儿童在英语阅读过程中有效的词汇学习游戏、阅读速度提升游戏以及阅读策略提升游戏，使阅读过程更有效，英语学习更有趣；《儿童英语阅读与词汇能力的培养——原理、概念、方法以及对中国儿童英语教育的启示》详细介绍儿童英语阅读能力构成、发展的基本概念和理论，以及实验证明有效的阅读和词汇能力培养方法，并探讨它们对于中国儿童英语阅读能力发展的启示，还能帮助儿童英语教师、家长和有志于从事相关研究的人员构建知识框架，读懂有科学依据的教材和教学方法的底层逻辑及相关学术文献，同时能为他们提供可供实际操作的建议；《小学生英语听读能力发展探究》采用参照义务教育《英语课程标准》和《中国英语能力等级量表》研制的、以导教助学为目的的小学生英语能力评价工具，对少儿英语听读能力进行较大规模实证跟踪研究，在精准评价的基础上，为国内中小学提供基于科学评价的英语课改解决方案，有助于二语习得研究人员通过跨年跟踪评价更加详细地了解当前小学生英语能力与英语学习发展进程，为中国儿童早期英语学习现状把脉。

我们希冀本丛书的推出，能够进一步推动我国儿童二语习得研究。

陈亚平
北京外国语大学英语学院教授
中国儿童语言研究中心主任
2022 年 10 月

前　言

本书的目标，是为中小学教师及家长，提供在英文阅读过程中，有效提升学生词汇记忆、阅读速读及阅读策略的多媒体游戏。研究发现，以英语为第二语言的学习者在阅读过程中，如果没有针对性较强的高频练习，阅读本身对学习者词汇的习得以及阅读策略的提升就没有显著帮助，而高频的输入需要大量的互动性强的活动。本书拟借助多媒体技术，基于不同语言单位(从词、短语到句子、语篇)，制作互动性强的教学游戏，有助于将儿童英文阅读过程与词汇学习、阅读策略培养、阅读速度提升等多种游戏相结合，使阅读更有效，使学习更有趣。

本书分为三个部分：第一，信息技术环境下儿童二语阅读研究现状(第一章)；第二，词汇记忆教学游戏设计与制作(第二、三、四章)；第三，阅读教学游戏设计与制作(第五、六、七、八章)。每个教学活动都会从理论支持、游戏设计及游戏制作具体步骤三个层面展开，旨在为老师及家长提供参考性及实践性强的支撑。同时，为方便老师们选取合适的课堂游戏，本书以语言单位为基础呈现教学游戏，包括词汇教学游戏、短语教学游戏、句子教学游戏及语篇教学游戏等层面。

本书配有全套 PPT 源文件。读者可以通过扫码(二维码图片见文末)进行下载，下载后可以依据课程内容需要进行编辑使用。老师们也可以先浏览电子课件，再到书中对应的章节中阅读理论解释及使用方法。本书课件主要来源是自编、网络以及首都师范大学英语教育系 2001—2019 级共二十届学生“计算机外语教育应用”课程的优秀作业，在此感谢这二十届同学的认真和努力。若课件举例有侵权的情况，请与本书作者联系，作者会及时处理。书中徐晓晗撰写了第二章，并参与了第四、五、六章的课件说明；郭一飞参与了第七、八章的课件说明；北京外国语大学中国外语与教育研究中心许家金教授，为本书拓展材料提供网络存放空间。在这里一并感谢。

另外，本书词汇教学游戏部分课件的修改得到了我女儿梁云禾的建议，她今年五岁了，一直坚持英语阅读和词汇学习。因此，本书的部分课件，尤其是词汇教学部分也适合学龄前的孩子们使用。最后，谨以此书献给亲爱的女儿梁云禾以及和她一样认真坚持外语学习的大小朋友们。

扫码下载
本书 PPT 源文件

杨　丽
首都师范大学外国语学院副教授
中国儿童语言研究中心研究员
2022 年 10 月

目　　录

1. 信息技术环境下儿童二语阅读研究综述
——国内外大数据可视化比较研究

1.1 引言

二语阅读研究领域一直备受学术界关注。然而，国内外有关信息技术环境下的儿童二语阅读领域的文献研究较少。并且，目前运用文献计量、共词分析和社会网络方法对该领域国内外期刊文献进行量化比较的研究还是空白。为厘清国内外在信息技术环境下的儿童二语阅读领域的研究现状、研究热点以及研究趋势，以促进我国在该领域向纵深化和国际化方向发展，本章基于Web of Science与中国知网的期刊文献数据，运用文献计量、共词分析和社会网络方法进行分析与挖掘，以期回答以下几个问题：(1)国内外信息技术环境下的儿童二语阅读领域学术论文的时间序列分布、学科分布、期刊分布以及国别分布的特点；(2)国内外信息技术环境下的儿童二语阅读领域的研究热点；(3)国内外信息技术环境下的儿童二语阅读领域学术期刊研究主题的变化情况；(4)国内外信息技术环境下的儿童二语阅读的研究趋势。

1.2 数据来源及研究方法

本研究基于中国知网（以下简称CNKI)与Web of Science（以下简称WoS)两大权威文献数据库，对信息技术环境下的儿童二语阅读领域的相关文献进行深度分析与挖掘。国内选取CNKI数据库，以全面反映该领域在国内的研究状况。CNKI检索策略：主题=(“信息技术”+“英语阅读”)。人工过滤掉高中以上学段的研究，只保留小、初、高及学前阶段，时间范围选择最长跨度，数据检索时间为2020年8月10日，获得349篇有效文献。国外选取WoS的核心合集数据库，主题检索词TS=(“L2 read * ” OR “second language read * ” OR “foreign language read * ” OR “SL read * ” OR “FL read * ” OR “ESL read * ” OR “EFL read * ”) AND TS=(“technology” OR “electric” OR “computer” OR “web” OR “internet” OR “multi * ” OR “wiki * ” OR “mobil * ” OR “digital” OR “online” OR “e-book” OR “assisted” OR “speed read * ” OR “corpus”) NOT TS=(“college” OR “university”)，时间范围选取最长跨度，数据检索时间为2020年8月10日，语种为英语，文献类型设置为论文和综述，获得277篇有效文献。

1.3 研究结果与分析

1.3.1 文献发表趋势分析

本研究利用文献计量分析法，主要探究国内外信息技术环境下的儿童二语阅读研究的时间序列文献分布特点、学科分布特点、期刊分布特点并以可视化方式呈现。

信息技术环境下的儿童二语阅读研究始于美国。1966 年，Atkinson & Hansen(1966)发起斯坦福计划，通过计算机监控学生的英语初级阅读。自 1966 年以来，该领域的研究总体发展呈上升趋势，先后经历了初始发展期(1966—2000 年)、平稳发展期(2001—2009 年)与高速发展期(2010—2020 年)三个阶段。2000 年前，该领域国内外文献数量较少且增长缓慢，年均不足 3 篇。2001 年至 2009 年，国内外的文献数量一定程度地平稳增加，年均达到 5 篇左右。2010 年至 2020 年，国内外文献数量呈明显上升趋势。基于 CNKI 和 WoS 两大数据库统计的期刊文献，我们对比绘制了近 10 年(2010—2020 年)国内外信息技术环境下的儿童二语阅读研究年度发文量的趋势对比图(见图 1.1)。如图所示，从年代分布上看，2010 年至 2020 年间国内外发文量基本呈现逐步增长态势，而近 3 年(包括 2020 年) 国内发文量呈现爆发式增长，国外 2020 年发文量有所下降。对比国内外发文量可见，国内虽起步稍晚，但在 2016 年以后，国内该领域研究的发文量显著增长，2019 年达到峰值，是同期国外发文量的两倍多。由此可见，信息技术环境下的儿童二语阅读研究在近

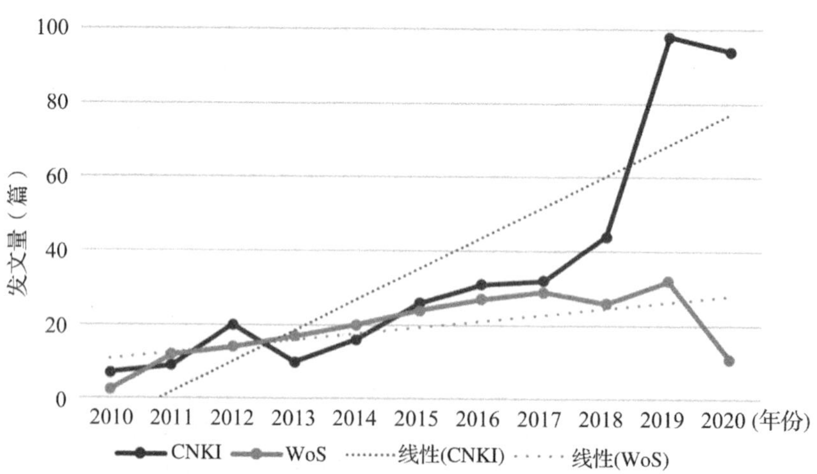

图 1.1 国内外信息技术环境下的儿童二语阅读研究年度发文量趋势对比

两年(2019 年及 2020 年)成为国内的研究热点。

1.3.2 学科分布分析

从国内外信息技术环境下阅读教学的学科分布图(见图 1.2)可见，国内对于该领域的研究主要集中在外国语言文学、中等教育及教育理论与教育管理三个学科，占比分别达到 35%、27%以及 20%，这说明国内的相关研究重在阅读教学设计及应用上。而国外对于信息技术环境下阅读教学的研究主要集

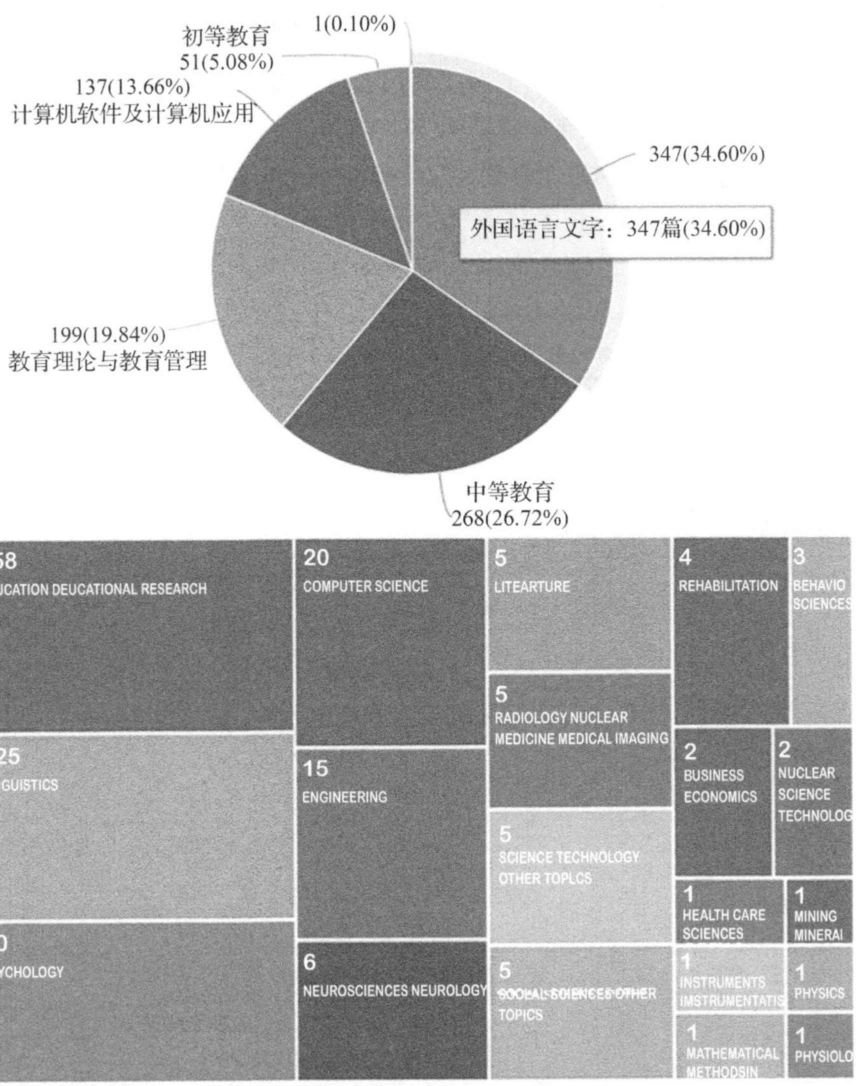

图 1.2 国内外信息技术环境下阅读教学的学科分布图

中在 educational research(教育学研究)、linguistics(语言学)及 psychology(心理学)的研究上，占比分别达到 57%、45%以及 22%。研究的理论基础建立在教育及外语类学科上，这与国内的分布是一致的。心理学科对于阅读的研究也较多，这表明国外对于信息技术环境下的儿童二语阅读从心理学角度以及用心理学方法探究的研究较多。同时，该学科在计算机科学、工程学、神经学、文学、社会学等多个领域也备受关注。总体来看，信息技术环境下的儿童二语阅读研究具有明显的跨学科特征。

1.3.3 期刊分布分析

国内外信息技术环境下的儿童二语阅读研究 TOP10 期刊如表 1.1 所示。国内 CNKI 对该领域载文量较高的为《校园英语》《中学生英语》《考试周刊》《英语画刊》，这些期刊研究的方向都以信息技术在二语阅读教学及测试中的应用为主。另外，《中国教育技术装备》《中小学电教(教学)》载文量也相对较高。在国外，该领域载文量排名前两位的期刊 *SYSTEM*、*EDULEARN PROCEEDINGS* 以及 *JOURNAL OF EDUCATIONAL PSYCHOLOGY* 均为教

表 1.1 国内外信息技术环境下的儿童二语阅读研究 TOP10 期刊

CNKI			WoS		
期刊名称	载文量/篇	比例/%	期刊名称	载文量/篇	比例/%
校园英语	40	18.5	*SYSTEM*	11	3.9
中学生英语	25	11.6	*EDULEARN PROCEEDINGS*	9	3.2
考试周刊	16	7.4	*JOURNAL OF EDUCATIONAL PSYCHOLOGY*	9	3.2
英语画刊(高级版)	12	5.6	*MODERN LANGUAGE JOURNAL*	9	3.2
学周刊	9	5.6	*COMPUTER ASSISTED LANGUAGE LEARNING*	8	2.8
中国教育技术装备	8	4.1	*LANGUAGE LEARNING*	8	2.8
新课程	7	3.7	*PROCEDIA SOCIAL AND BEHAVIORAL SCIENCES*	8	2.8
中小学电教(教学)	7	3.2	*FOREIGN LANGUAGE ANNALS*	6	2.2
教育教学研究	7	3.2	*JOURNAL OF RESEARCH IN READING*	6	2.2
英语教师	6	3.2	*LANGUAGE TESTING*	6	2.2

育理论及心理类的期刊，这说明国外学者对于信息技术环境下的儿童二语阅读研究更侧重于对教育及心理学方面理论基础的研究。与此同时，计算机辅助外语教学及社会学类的刊物在该领域的研究方面也走在了前列。

1.3.4 国家/地区、地域统计分析

论文的国家/地区、区域分布统计分析可以在一定程度上反映各国学者对该领域的关注程度、科学前沿以及最新动向。通过对期刊论文第一作者所属国家/地区进行统计分析，笔者发现从期刊发文数量上看(见图 1.3)，美国学者成果最为丰富，发文量为 86 篇，占总量的 31%。中国次之，发文量为 53 篇，占比 19%。由此可见，中国和美国对于信息技术环境下的儿童二语阅读研究还有一些差距，但是依然远远领先于其他国家和地区。其次是伊朗、加拿大、英国与荷兰，期刊发文量占比均达到 5%以上。从地域来看，世界各大洲对于信息技术环境下的儿童二语阅读研究都十分关注。尤以亚洲、北美洲、欧洲为代表，亚洲国家如中国、伊朗、韩国、日本、土耳其等对于该领域的研究领先于其他亚洲国家。北美洲的美国、加拿大发文量较多。欧洲如英国、荷兰、西班牙、比利时等，以及澳洲的澳大利亚均对该领域有较深入的研究。

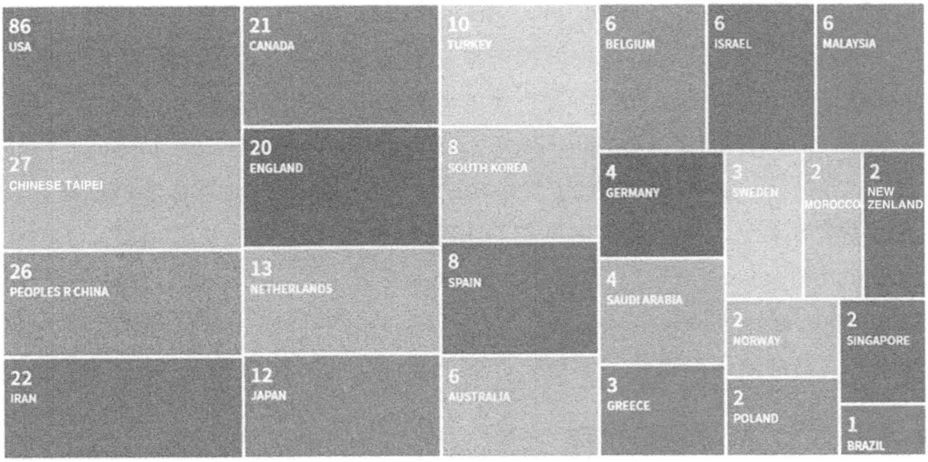

图 1.3 信息技术环境下的儿童二语阅读研究领域国家/地区发文量分布图

1.4 研究热点及趋势

1.4.1 关键节点文献分析

本研究使用 CiteSpace 的文献共被引分析功能。通过文献共被引分析，可以对国内外信息技术环境下的儿童二语阅读研究领域的关键节点文献进行探

究，识别该领域的核心研究学者及其经典文献。

在国内文献共被引网络图谱中，被引频次较高的核心期刊论文主要包括潘志宇(2001)、宗云(2010)以及常宏(2011)等。被引频次最高的是潘志宇在2001年发表的《中学英语阅读课的多媒体网络教学模式初探》。该文献结合建构主义学习理论探讨了多媒体应用于中学英语阅读的教学模式，并通过一年多的教学实验证明该模式可以提高学生的英语整体水平，尤其是阅读及理解能力。宗云(2010)在《基于多媒体环境下的英语阅读教学策略研究》一文以建构主义及阅读理论为依据，以多媒体等现代教育手段为依托，构建了四种阅读教学策略。常宏(2011)在《基于建构主义的多媒体网络阅读教学》中探索多媒体网络环境下的英语阅读教学改革，构建了三种多媒体网络英语阅读教学模式：①"情景—任务—自主探究"；②教师主导、监控，学生主体；③合作学习。

在国外文献共被引网络图谱中，被引频次较高、中介中心性较大的关键节点期刊文献主要包括 Abraham(2008)；Hsu Ching-Kun(2013)以及 Lan, Yu-Ju(2007)。被引频次最高、中介中心性最大的是 Abraham 在 2008 年发表的 *Computer-mediated glosses in second language reading comprehension and vocabulary learning: A meta-analysis*，该文献建议学习者在互联网和多媒体计算机辅助的语言学习环境中阅读来提高二语识字能力、促进跨文化理解力，并强调未来研究应当关注学习者个体的差异。Hsu Ching-Kun et al(2013)在 *A personalized recommendation-based mobile learning approach to improving the reading performance of EFL students* 一文中基于移动语言学习方法开发了相关学习系统，引导学生阅读符合其偏好和知识水平的文章，提高了学生的阅读成绩。Lan, Yu-Ju(2007)在 *A mobile-device-supported peer-assisted learning system for collaborative early EFL reading* 一文中，开发了一个移动设备支持的同伴辅助学习系统，以促进学习者的阅读动机。

1.4.2 研究热点演进分析

研究热点可以认为是在某个领域中学者们共同关注的一个或多个话题。通过 CiteSpace 的关键词共现网络的时区视图，可以看出其中的高频节点按时间顺序依次出现，呈现出明显的时间分布特征。

由此，可以将国内信息技术环境下的儿童二语阅读研究热点按时间动态划分为三个阶段，这也与该领域文献发表数量的变化趋势相吻合。

第一阶段 (2003 年以前)的高频节点主要包括"快速阅读""多媒体""PPT""建构主义"等。该阶段处于对新型英语阅读教学模式的初探时期，主要基于建构主义理论来探讨可行性。第二阶段(2004—2009年)的高频节点主要包括"网络课程""网络环境""阅读能力""认知""自主学习""协作学习""语言能力"等。该阶段更加注重学习者的个人学习认知能力和二语阅读能力，因此许多研究者围绕如何利用信息技术来提高学习者的二语阅读能力和语言能力进行探讨，并尝试构建不同的学习模式和阅读模式。第三阶段(2010—2020年)的高频节点主要包括"交互式""文字云图""眼动""慕课""微课"等。该阶段采用更加丰富的技术手段和方法来探究学习者在二语阅读中的表现。例如夏春来(2013)讨论了录频式微课在高中英语阅读讲评课中的应用；张湘(2016)讨论了主题英语阅读教学的图示交互可视化学习平台设计与实践；杜华(2012)探讨了文字云图在英语阅读教学中的应用研究。总体来看，国内该领域的研究从引入国外理论到扎根本土化实践，再从实地教学实践到演化丰富理论，研究逐步趋于科学化和细化。

国外信息技术环境下儿童二语阅读研究热点，也可按时间动态划分为三个阶段。

第一阶段(2003年以前)的高频节点主要包括"理解(comprehension)""策略(strategy)""学生(student)"。该阶段文献较少，主要探索在信息技术环境下儿童二语阅读使用的阅读策略。第二阶段(2004—2010年)的高频节点主要包括"大脑(brain)""激活(activation)""理解(comprehension)""读写困难(dyslexia)"。该阶段的研究主要探索信息技术环境下儿童二语阅读中的个体差异，侧重于关注有阅读障碍的儿童在相关技术的支持下是否可以获得二语阅读能力方面的改善。第三阶段(2011—2020年)的高频节点主要包括"眼动(eye movement)""词汇 (vocabulary)""工作记忆(working memory)""习得(acquisition)""literacy(读写能力)""个体差异(individual difference)"等。该阶段有研究者探讨了信息技术环境下的阅读带来的消极影响，大多研究利用更多信息技术手段及线上系统来追踪儿童在二语阅读中的表现。Acklin 等人探讨了快速阅读对于阅读理解率的影响；Tragant Mestres 等人用眼动研究探讨了学习者对多模态输入的认知加工特点。

如表1.2所示，国内外2003年前的研究均处于探索阶段；在第二阶段(2004—2010年)，国内更注重探究网络环境下的阅读教学以及学生的自主学习能力的提升，国外的研究则更注重探究信息技术环境下阅读的神经学及心理学本质；在第三阶段(2011—2020年)，国内外的研究突飞猛进，国内注重更多新兴技术的尝试，如"文字云图""微课""慕课"等，国外则偏向于注重心理学机制的研究、眼动研究及个体差异的研究。

表 1.2　国内外信息技术环境下儿童二语阅读研究三个阶段的高频节点

阶段	CNKI	WoS
第一阶段 （2003 年以前）	“快速阅读”“多媒体”“PPT”“建构主义”	“理解（comprehension）”“策略（strategy）”“学生（student）”
第二阶段 （2004—2010 年）	“网络课程”“网络环境”“阅读能力”“认知”“自主学习”“协作学习”“语言能力”	“大脑（brain）”“激活（activation）”“理解（comprehension）”“读写困难（dyslexia）”
第三阶段 （2011—2020 年）	“交互式”“文字云图”“眼动”“慕课”“微课”	“眼动（eye movement）”“词汇（vocabulary）”“工作记忆（working memory）”“习得（acquisition）”“literacy”“个体差异（individual difference）”

1.4.3　研究的趋势及前沿分析

本研究采用 CiteSpace 软件提供的突变检测算法，从文献的标题、关键词和摘要中提取出突变术语作为研究前沿术语，依靠词频的变动趋势来确定国内外信息技术环境下的儿童二语阅读的研究前沿和发展趋势。突变值较高的术语在一定程度上客观反映了该领域研究的最新动态，具体可以归纳为以下三个方面：

第一，从研究内容来看，信息技术环境下的在线或数字化阅读已成为儿童二语阅读的一种重要方式，但针对我国儿童的英语学习特点，探讨不同年龄阶段儿童的二语在线阅读策略发展的研究缺乏长期的跟踪数据，也缺乏操作性强的建议。信息技术环境下的儿童二语阅读研究的内容从关注阅读理解力转变到关注语言习得，而目前《义务教育英语新课程标准(2022)》更提倡的是以阅读为二语输入来源，促进儿童的全面发展、促进全球胜任力、培养优秀品格以及提升高阶思维能力，但针对上述因素的研究目前还相对匮乏。

第二，从受试群体来看，国内外学者针对小学到高中阶段的研究较多，学龄前儿童也逐渐开始受到关注。学龄前阶段是阅读习惯形成的关键时期，一些以家庭为单位的亲子阅读尝试借助点读笔等阅读工具或者阅读平台进行二语阅读。针对这部分受试来探讨二语阅读及成长过程中遇到的问题，对于认识二语阅读的本质、培养孩子的二语阅读兴趣以及揭示二语阅读路径等都非常有价值。

第三，从研究工具来看，一些学者借助眼动和 fMRI 等研究方法和手段来进行数字化阅读的研究。运用眼动指标来分析二语阅读的认知加工过程得到了越来越多研究者的青睐（Mohamed，2018）。另外，越来越多的研究应用 fMRI 等神经影像技术探索其认知神经机制，并以此观察和研究二语阅读过程与机制（Li、Clariana，2019）。

1.5 研究动态述评

本研究运用文献计量可视化和网络关系可视化的方法，结合国内外对信息技术环境下儿童二语阅读研究可视化研究的对比分析，对该领域研究现状和趋势总结如下：(1)从时间分布来看(见图 1.1)，信息技术环境下的儿童二语阅读研究始于 1966 年，国内外均呈现逐年增长的趋势。国外对于该领域的研究起步较早，理论研究相对成熟，但国内近两年对该领域的研究多于国外。2016 年至今，信息技术环境下的儿童二语阅读研究进入快速发展时期。近几年来，国内的发文量开始超过国外，但核心期刊的论文数量还不及国外。发文量的增加说明可以预见未来的几年随着国内对该领域研究的重视，我国学者发表论文的质量将进一步提升。(2)从空间分布图谱来看(见图 1.2、图 1.3)，信息技术环境下的儿童二语阅读研究引起了世界学者的共鸣。占比前两位的是美国与中国，无论从期刊论文数量还是质量上，中美两国都领先于其他国家。其次是伊朗、加拿大、英国、荷兰等国。(3)从关键词共现情况来看，国内该领域的研究热点是“交互式”“文字云图”“眼动”“慕课”“微课”等。国外则是“眼动(eye movement)”“词汇 (vocabulary)”“工作记忆(working memory)”“习得(acquisition)”“literacy(读写能力)”“个体差异(individual difference)”等。(4)从未来的研究发展方向来看，国内在该领域的研究从引入国外理论到扎根本土化实践；再从实地教学实践到演化及丰富理论，研究的目的从促进儿童语言能力的发展到促进儿童的全面发展。而国外从心理学角度及神经学角度对在线阅读的研究则可以从本质上揭示二语阅读的特征，值得借鉴。

1.6 结语

本文选取国内外两大权威数据库(CNKI 和 WoS)的核心期刊文献作为数据来源，通过文献分析、文本挖掘等技术手段，从多角度比较并探讨国内外信息技术环境下的儿童二语阅读的研究现状、研究热点以及未来的发展趋势。这对促进国内该领域进一步发展、借鉴国际先进研究方法方面有着重要的意义。国内该研究的领域在近两年处于迅速发展趋势，如果可以开阔研究视野、拓宽研究领域、应用更先进的研究方法，会产出质量更高的研究，使阅读学习、教学及研究受益。

参考文献

[1]Atkinson, R. C. & Hansen, D. N. 1966. Computer-assisted instruction in initial reading: The Stanford Project[J]. Reading Research Quarterly 2: 5-25.

[2]Abraham, L. B. 2008. Computer-mediated glosses in second language reading comprehension and vocabulary learning: A meta-analysis[J]. Computer Assisted Language Learning 21: 199-226.

[3]Adlof, S. M., Catts, H. W. & Lee, J. 2010. Kindergarten predictors of second versus eighth grade reading comprehension impairments[J]. Journal of Learning Disabilities 43: 332-345.

[4]Apel, K., Wilson-Fowler, E. B., Brimo, D. & Perrin, N. A. 2012. Metalinguistic contributions to reading and spelling in second and third grade students[J]. Reading and writing 25: 1283-1305.

[5]Benjamin, R. G. & Schwanenflugel, P. J. 2010. Text complexity and oral reading prosody in young readers[J]. Reading Research Quarterly 45: 388-404.

[6]Catts, H. W., Gillispie, M., Leonard, L. B., Kail, R. V. & Miller, C. A. 2002. The role of speed of processing, rapid naming, and phonological awareness in reading achievement[J]. Journal of learning disabilities 35: 510-525.

[7]Chang, C. K. & Hsu, C. K. 2011. A mobile-assisted synchronously collaborative translation-annotation system for English as a foreign language (EFL) reading comprehension[J]. Computer assisted language learning 24: 155-180.

[8]Fitzgerald, J. 1995. English-as-a-second-language reading instruction in the United States: A research review[J]. Journal of Reading Behavior 27: 115-152.

[9]Geva, E. & Ryan, E. B. 1993. Linguistic and cognitive correlates of academic skills in first and second languages[J]. Language learning 43: 5-42.

[10]Hecht, S. A., Burgess, S. R., Torgesen, J. K., Wagner, R. K. &Rashotte, C. A. 2000. Explaining social class differences in growth of reading skills from beginning kindergarten through fourth-grade: The role of phonological awareness, rate of access, and print knowledge[J].

Reading and writing 12：99-128.

[11]Horst，M. 2005. Learning L2 vocabulary through extensive reading：A measurement study [J]. Canadian Modern Language Review 61：355-382.

[12]Hopp，H. 2006. Syntactic features and reanalysis in near-native processing[J]. Second Language Research 22：369-397.

[13]Lan，Y. J.，Sung，Y. T. & Chang，K. E. 2007. A mobile-device-supported peer-assisted learning system for collaborative early EFL reading [J]. Language Learning & Technology 11：130-151.

[14]Language and Reading Research Consortium. 2015. Learning to read：Should we keep things simple? [J]. Reading research quarterly 50：151-169.

[15]Levy，M. 2009. Technologies in use for second language learning[J]. The modern language journal 93：769-782.

[16]Liaw，M. L. 2006. E-learning and the development of intercultural competence[J]. Language Learning & Technology 10：49-64.

[17]Li，P. & Clariana，R. B. 2019. Reading comprehension in L1 and L2：An integrative approach[J]. Journal of Neurolinguistics 50：94-105.

[18]Mohamed，A. A. 2018. Exposure frequency in L2 reading：An eye-movement perspective of incidental vocabulary learning[J]. Studies in Second Language Acquisition 40：269-293.

[19]Verhallen，M. J. & Bus，A. G. 2010. Low-income immigrant pupils learning vocabulary through digital picture storybooks[J]. Journal of Educational Psychology 102：54-61.

[20]Wang，M.，Perfetti，C. A. & Liu，Y. 2005. Chinese - English biliteracy acquisition：Cross-language and writing system transfer[J]. Cognition 97：67-88.

[21]Wise，B. W.，Ring，J. & Olson，R. K. 1999. Training phonological awareness with and without explicit attention to articulation[J]. Journal of Experimental Child Psychology 72：271-304.

[22]Sylvén，L. K. & Sundqvist，P. 2012. Gaming as extramural English L2 learning and L2 proficiency among young learners[J]. ReCALL 24：302-321.

[23]Ziegler，J. C.，Bertrand，D.，Lété，B. & Grainger，J. 2014. Ortho-

graphic and phonological contributions to reading development: Tracking developmental trajectories using masked priming[J]. Developmental Psychology 50: 1026-1036.

[24]常宏. 基于建构主义的多媒体网络英语阅读教学[J]. 继续教育研究，2011，(6)：148—149.

[25]常欣，赵登明，王沛. 计算机辅助教学对英语阅读能力的影响[J]. 心理科学，2007，(1)：145—147.

[26]方英. 英语阅读研究十年回顾[J]. 宁波大学学报：人文科学版，2008，(1)：67—71.

[27]王莹. 网络环境下的中学英语阅读教学[J]. 课程·教材·教法，2006，(8)：44—47.

[28]潘志宇. 中学英语阅读课的多媒体网络教学模式初探[J]. 外语电化教学，2001，(3)：47—49.

[29]吴晓燕，王菲. 近 20 年国际二语阅读研究进展[J]. 现代外语，2020，(3)：424—434.

[30]赵云丽. 近十年国内英语阅读教学研究综述[J]. 牡丹江师范学院学报：哲学社会科学版，2009，(3)：86—89.

[31]宗云. 基于多媒体环境下的英语阅读教学策略研究[J]. 复印报刊资料：中学外语教与学，2010，(2)：67—71.

2. 基于 CiteSpace 的外语学习记忆方法研究综述

2.1 引言

记忆在外语学习中具有至关重要的地位，而针对外语学习方面的记忆方法的研究也一直备受学界关注。从某种意义上来说，外语学习程序就是记忆程序(吴秀华，2012)。因此，记忆方法的研究有助于促进学生更好地深入外语学习，其研究成果对外语教学、外语研究等方面也具有极大的借鉴意义和价值。

以往对于该领域的评介，主要由专家根据经验和资料来进行，受分析者本人研究背景的影响，此类研究往往聚焦于某种记忆方法在外语学习某个方面的研究(如梁丽花 2010；林中晨 2008)，且年代较为久远。基于以上考虑，本研究借助 CiteSpace 软件，运用文献计量、共词分析等方法对外语学习记忆方法进行科学地分析与挖掘，以期回答以下几个问题：(1)国内外外语学习记忆方法领域学术论文的时间序列分布、期刊分布的特点；(2)国内外外语学习记忆方法领域的研究热点；(3)国内外外语学习记忆方法领域学术期刊研究主题的变化情况；(4)国内外外语学习记忆方法的研究趋势。

2.2 数据来源与研究方法

本研究基于 Web of Science (以下简称 WoS)与中国知网(以下简称 CNKI)两大权威文献数据库，对外语学习记忆方法领域的相关文献进行挖掘与分析。国外选取 WoS 的核心合集数据库，主题检索词为“L2 read”“second language read”“foreign language read”“SL read”“FL read”“ESL read”“EFL read”“memory method”“memory strategy”“memorizing method”“memorizing strategy”，时间范围选择最长跨度，数据检索时间为 2021 年 8 月 6 日，语种为英语，文献类型设置为论文，获得 517 篇有效文献。国内选取 CNKI 数据库，主题检索词为“英语学习记忆方法”“外语学习记忆方法”以及“二语学习记忆方法”，时间范围选择最长跨度，数据检索时间为 2021 年 8 月 6 日，获得 194 篇有效文献。

2.3 研究结果与分析

2.3.1 文献发表趋势分析

本研究利用文献计量分析法，主要探究国内外外语学习记忆方法的时间序列文献分布特点、期刊分布特点并以可视化方式呈现。

外语学习记忆方法的研究始于美国。1975 年，美国著名记忆心理学家 Atkinson 提出了关键词方法，并应用于外语词汇学习。自 1975 年以来，该领域的研究总体发展呈上升趋势，先后经历了初始发展阶段(1975—1996 年)、高速发展阶段(1997—2010 年)、平稳发展阶段(2011—2021 年)三个阶段。1996 年前，该领域国内外文献数量较少且增速缓慢，年均不足 5 篇。1997 年至 2010 年，国内外的文献数量均呈现明显上升趋势。2011 年至 2021 年，国外文献数量呈一定数量的波动性增长，国内文献数量增长不明显。基于 CNKI 和 WoS 两大数据库，我们对比绘制了近 10 年(2011—2021 年)国内外外语学习记忆方法研究年度发文量的趋势对比图(见图 2.1)。如图 2.1 所示，对比国内外发文量可见，国内在该领域的高水平文章数量相对较少，且自 2012 年后年度发文数量相对稳定，增幅不显著，而国外在该领域的核心文章发文数量是国内的三倍多。从年代分布上看，2011 年至 2021 年间，国内外发文量基本呈现平稳发展且总体增长态势，而且近 3 年(2018—2021 年)国内发文量逐步增长，而国外则有所下降。由此可见，外语学习记忆方法研究在近两年(2020 年及 2021 年)有成为国内研究热点的趋势。

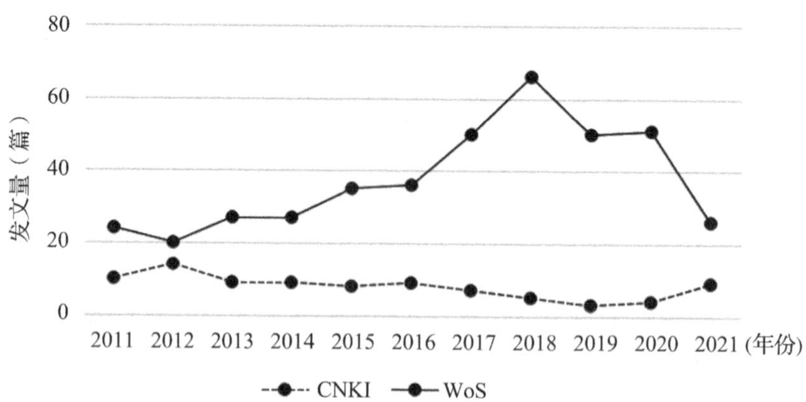

图 2.1 国内外外语学习记忆方法研究年度发文量趋势对比

2.3.2 期刊分布分析

国内外外语学习记忆方法研究排名前 10 的期刊如表 2.1 所示。国内 CNKI 在该领域载文量较高的为《现代外语》《外语教学与研究》《外语界》《外语与外语教学》《解放军外国语学院学报》，这些期刊研究的方向以外语学习中的记忆策略、学习策略的应用为主。另外《教育与管理》《外语教学》载文量也相对较高。在国外，该领域载文量排名前三位的期刊 *LANGUAGE LEARNING*、*MODERN LANGUAGE JOURNAL* 及 *FRONTIERS IN PSYCHOLOGY* 均为语言学类及心理学类的期刊，这说明国外学者对于外语学习记忆方法的研究更侧重于对语言的本质及心理学层面的研究。与此同时，社会学类及计算机教育类的刊物在该领域的研究方面也位于前列。

表 2.1 国内外外语学习记忆方法研究排名前 10 的期刊

CNKI			WoS		
期刊名称	载文量/篇	比例/%	期刊名称	载文量/篇	比例/%
现代外语	19	9.79	*LANGUAGE LEARNING*	17	3.28
外语教学与研究	14	7.22	*MODERN LANGUAGE JOURNAL*	15	2.90
外语界	13	6.70	*FRONTIERS IN PSYCHOLOGY*	14	2.71
外语与外语教学	11	5.67	*PROCEDIA SOCIAL AND BEHAVIORAL SCIENCES*	12	2.32
解放军外国语学院学报	8	4.12	*JOURNAL OF SPEECHLANGUAGE AND HEARING RESEARCH*	10	1.93
教育与管理	8	4.12	*EDULEARN PROCEEDINGS*	8	1.55
外语教学	6	3.09	*LANGUAGE TEACHING RESEARCH*	8	1.55
中国成人教育	5	2.58	*MODERN JOURNAL OF LANGUAGE TEACHING METHODS*	7	1.35
外语学刊	2	1.03	*APPLIED PSYCHOLINGUISTICS*	5	0.97
外语研究	2	1.03	*COMPUTERS EDUCATION*	5	0.97

2.3.3 研究热点及趋势分析

2.3.3.1 关键节点文献分析

本研究使用 CiteSpace 软件的文献共被引分析功能。通过文献共被引分析，可以对国内外外语学习记忆方法研究领域的关键节点文献进行挖掘，识别该领域的核心研究学者及其经典文献。

国内被引频次较高的核心期刊论文主要包括王文宇(1998)；吕文澎(2000)；陈桦和张益芳(2001)以及桂诗春(2003)等。被引频次最高的是王文宇1998年在《外语教学与研究》发表的《观念、策略与英语词汇记忆》，该研究发现管理、重复、编码等记忆策略相对有效，且学生的词汇测试成绩和记忆策略之间存在显著相关性。吕文澎(2000)在《英语难词记忆法的实验研究》一文中基于"加工水平说"这一理论就英语难词的记忆方法展开教学实验研究，研究结果显示在难词记忆法中，综合法优于选择性注意法和语义法。陈桦和张益芳(2001)针对儿童群体展开研究，他们发现儿童广泛使用词汇记忆策略，但极少运用关键词策略和语义编码策略。桂诗春(2003)在《记忆和英语学习》中从感觉记录器、短时记忆和长时记忆三个方面讨论了语言学习的技巧和策略，并发现通过建立联系、激活图式、注意关键词和利用外部储存的记忆方法可以加速语言处理。

在国外文献共被引网络图谱中，被引频次较高、中介中心性较大的关键节点期刊文献主要包括 Juffs & Harrington (2011)；Ellis & Beaton (1993)以及 Atkins & Baddeley (1998)。被引频次最高、中介中心性最大的是 Juffs 和 Harrington 在1993年发表的 Aspects of working memory in L2 learning，研究者在文中综述了工作记忆的相关研究及其在二语习得研究中的应用，并提出未来该领域的研究方向将集中于将工作记忆的测试同语言任务相结合方面。Ellis 和 Beaton(1993)在 *Factors affecting the learning of foreign language vocabulary: Imagery keyword mediators and phonological short-term memory* 一文中表明关键词法可以促进接受性(receptive learning)外语词汇的记忆，而在产出性(productive learning)外语词汇记忆中，机械复述记忆法(rote rehearsal)明显优于关键词法。Atkins 和 Baddeley(1998)在 *Working memory and distributed vocabulary learning* 一文中证实了个体的即时言语记忆广度差异可以预测其二语词汇习得的成功。

2.3.3.2 研究热点演进分析

研究热点是某个领域的学者们共同关注、讨论的一个或多个话题。通过分析 CiteSpace 的关键词共线时区图谱，可以看出高频节点的时间分布特征，由此可推断该领域研究的热点演进情况。

按照时间动态，国内外语学习记忆方法的研究热点可划分为三个阶段。

第一阶段(1997年以前)的高频节点主要包括"外语学习""记忆""长时记忆""短时记忆"等。该阶段处于外语学习记忆方法研究领域的初探时期，主要注重外语学习过程记忆规律及记忆方法类别的探究。第二阶段(1997—2010年)的高频节点主要包括“记忆策略”“词汇学习”“外语教学”“工作记忆容量”等。该阶段更加注重对记忆策略的研究,包括外语教学中的记忆策略指导研究、词汇学习方面的记忆策略研究(范琳,2008),以及工作记忆容量的研究(顾琦一、程秀苹,2010)。第三阶段(2011—2021年)的高频节点主要包括“工作记忆”“二语水平”“网络课程”“移动微型学习”等。该阶段的研究重点依然是工作记忆,但也出现了新的研究角度,研究者开始利用先进的信息技术手段展开外语学习记忆领域的研究,提出新的研究概念,如“移动微型学习”(陈莉斯、王耀晖,2012)和“网络课程/推送式记忆系统”(钱玲、李征,2011)。

国外外语学习记忆方法研究热点,也可按时间动态划分为三个阶段。

第一阶段(1996年以前)的高频节点主要包括“回忆(recall)”“工作记忆(working memory)”“短时记忆(short term memory)”“词汇学习(vocabulary learning)”。该阶段文献较少,主要探索学习者在外语学习过程(主要集中于词汇学习)中使用的一些简单的记忆方法。第二阶段(1996—2010年)的高频节点主要包括“长时记忆(long term memory)”“学生(student)”“个体差异(individual difference)”“能力(ability)”“年龄(age)”。该阶段的研究主要倾向于探索学习者在外语学习过程中使用记忆方法的个体差异,侧重于关注激发学习者的外语学习记忆能力。第三阶段(2011—2021年)的高频节点主要包括“深度学习(deep learning)”“自然语言处理(natural language processing)”“机器学习(machine learning)”“神经网络(neural network)”。该阶段的研究深度挖掘外语学习的记忆过程,开始利用信息技术辅助学习者进行外语学习记忆(Rahimi、Allahyari,2019;Wu,2017;Chu et al.,2019)。

2.3.4 研究的趋势及前沿分析

通过 CiteSpace 提供的突发性(burstness)检测技术,本研究从文献的关键词中提取突增热点词以反映外语学习记忆方法研究的发展趋势与前沿情况,具体可以归纳为以下两个方面:

从研究内容来看,该领域研究可大致分为短时记忆、工作记忆和长时记忆,其中工作记忆研究居多。首先,短时记忆研究主要侧重于外语听力理解,因为听是语言学习过程中最初始的感知环节,直接影响到学习者英语整体水平的高低(冯亚娜,2013)。其次,工作记忆是 Baddeley 和 Hitch 于1974年提出的概念,主要负责从长时记忆中提取相关信息,并加工处理短时记忆中的信息并将其储存进长期记忆中,可有效降低认知负荷,对二语学习者口语、书面语以及词汇产出具有积极影响(韩亚文,2015;易保树、罗少茜,2012)。

再次，长时记忆储存经过处理或“消化”过的语言材料。外语学习记忆研究领域中，长时(工作)记忆能力帮助检查学习者的词汇能力，从而有效地提高学习质量(张玲，2010)。

从研究工具来看，一些学者借助眼动技术和多媒体设备等现代信息技术手段探究、促进学习者的外语学习记忆过程。眼动仪作为一种先进的数据挖掘技术，是通过观察眼动和人的心理活动情况来研究人类在不同环境、不同条件下的信息加工机制，越来越多的研究者通过眼动仪来辅助研究学习者在外语学习过程中使用的不同记忆方法(Bolger et al.，2011；Ouyang et al.，2020)。在信息技术科学高速发展的今天，多媒体设备在教育研究领域的应用范围也越来越广。通过借助多媒体设备，可以有效丰富学习者的外语学习记忆方法，提高其外语学习记忆能力(Rahimi et al.，2019；Wu、Huang，2017；崔旻、周春芳，2015)。

2.4 研究动态述评

本研究利用文献计量可视化的方法，结合国内外外语学习记忆方法研究可视化分析，对该领域研究现状和趋势总结如下：(1)从时间分布来看，外语学习记忆方法研究始于1975年，国内外研究发展总体呈增长趋势。国外在该领域的研究起步较早，理论研究相对成熟，且基于该领域辐射的研究范围较广。(2)从文献共被引分析情况来看，国内该领域的研究热点是“工作记忆”“二语水平”“网络课程”“移动微型学习”等，国外则是“深度学习(deep learning)”“自然语言处理(natural language processing)”“机器学习(machine learning)”“神经网络(neural network)”等。(3)从研究的未来发展趋势来看，国外基于认知神经科学及心理学角度从本质上探究外语学习记忆过程，利用眼动仪等先进的科学手段客观评述各类记忆方法在不同场景下的利与弊。国内在该领域的研究从引入国外理论进行理论层面探究，到将理论应用于本土同外语学习的各个方面进行策略应用探究，再到根据中国实际外语学习情况进行记忆方法优化的创新型研究。

2.5 结语

本研究基于CNKI和WoS两大权威数据库的核心期刊文献，利用CiteSpace可视化技术以及文献文本分析等方法在一定程度上客观地探讨了国内外外语学习记忆方法的研究现状、研究热点、研究发展历程及前沿发展趋势。通过国内外研究的对比，发现国内外语学习记忆方法研究主要集中于在工作记忆(记忆类型)领域，偏重于词汇学习(外语学习类型)的探讨，有部分研究借助信息技术手段展开研究，跨学科研究数量相对较少。国内学术界应开阔研究视野，充分融合教育学、心理学、认知神经科学等领域的最新研究，结合中国本土形势展开广泛的实证和实验研究，为促进中国学习者外语学习记忆方法的优化改善提供理论和数据支撑。

参考文献

[1]Atkins, P. W. & Baddeley, A. D. 1998. Working memory and distributed vocabulary learning[J]. Applied psycholinguistics 19(4): 537-552.

[2]Bolger, P. & Zapata, G. 2011. Semantic categories and context in L2 vocabulary learning[J]. Language Learning 61(2): 614-646.

[3]Chu, H. C., Wang, C. C. & Wang, L. 2019. Impacts of concept map-based collaborative mobile gaming on English grammar learning performance and behaviors[J]. Journal of Educational Technology & Society 22(2): 86-100.

[4]Ellis, N. & Beaton, A. 1993. Factors affecting the learning of foreign language vocabulary: Imagery keyword mediators and phonological short-term memory[J]. The Quarterly Journal of Experimental Psychology 46(3): 533-558.

[5]Juffs, A. & Harrington, M. 2011. Aspects of working memory in L2 learning[J]. Language teaching 44(2): 137-166.

[6]Ouyang, J., Huang, L. & Jiang, J. 2020. The effects of glossing on incidental vocabulary learning during second language reading: based on an eye-tracking study[J]. Journal of Research in Reading 43(4): 496-515.

[7]Rahimi, M. &Allahyari, A. 2019. Effects of multimedia learning combined with strategy-based instruction on vocabulary learning and strategy use[J]. SAGE Open 9(2).

[8]Wu, T. T. & Huang, Y. M. 2017. A mobile game-based English vocabulary practice system based on portfolio analysis[J]. Journal of Educational Technology & Society 20(2): 265-277.

[9]陈桦，张益芳. 中国儿童英语词汇记忆策略探究[J]. 外语学刊，2001，(4)：100—106.

[10]陈莉斯，王耀晖. 移动微型学习理论指导的英语单词记忆研究[J]. 现代教育技术，2012，22(9)：70—74.

[11]崔旻，周春芳. 多媒体呈现方式在外语词汇直接学习中的效果研究[J].

解放军外国语学院学报，2015，38(3)：88—95.

[12]范琳，刘振前，李旭奎. 非英语专业学生词汇记忆策略训练研究[J]. 外语教学，2008，29(1)：33—40.

[13]冯亚娜. 运用短时记忆提高英语听力理解水平[J]. 教学与管理，2013，36：149—151.

[14]顾琦一，程秀苹. 中国英语学习者的花园路径句理解——与工作记忆容量和语言水平的相关研究[J]. 现代外语，2010，33(3)：297—304.

[15]桂诗春. 记忆和英语学习[J]. 外语界，2003，(3)：2—8.

[16]韩亚文. 工作记忆容量对中国英语学习者口语准确度、复杂度和流利度的影响[J]. 外语教学，2015，36(5)：65—68.

[17]梁丽花. 国外言语短时记忆与词汇学习关系研究综述[J]. 成功：教育，2010，(3)：230—231.

[18]林中晨. 关键词法与词汇习得研究综述[J]. 韶关学院学报，2008，(11)：114—117.

[19]吕文澎. 英语难词记忆法的实验研究[J]. 外语教学与研究：外国语文双月刊，2000，(5)：362—367.

[20]钱玲，李征. 基于记忆原理的大学英语网络课程信息表征设计[J]. 中国电化教育，2011，(11)：90—94.

[21]王文宇. 观念、策略与英语词汇记忆[J]. 外语教学与研究：外国语文双月刊，1998，(1)：49—54.

[22]吴秀华. 外语学习记忆方法简述[J]. 中国校外教育：中旬，2012，(1)：100.

[23]闫嵘. 二语写作修改策略的个体差异及其与工作记忆的关系[J]. 外语教学，2010，31(6)：55—59.

[24]易保树，罗少茜. 工作记忆容量对二语学习者书面语产出的影响[J]. 外语教学与研究：外国语文双月刊，2012，44(4)：536—546.

3. 词汇教学游戏

3.1 猜测类游戏

设计理念：

1. 遗忘规律。基于遗忘曲线，词汇在刚刚学到的时候遗忘得很快，1 小时内遗忘 50%以上，24 小时内遗忘 80%，因此，学习新单词后在短时间内复现次数不足，就会导致遗忘。此类活动时间短，可以保证新单词在课堂上高频地复现。此类游戏也可以穿插在语法、阅读等教学过程中，作为一分钟左右的词汇复习小游戏。

2. 注意力规律。程度较高的注意力能够改善记忆水平。动画的声音及动作形式本身更容易集中学生的注意力。

3. 记忆检索规律。刚刚学完的词汇像是大脑中的一个全新的小型的词库。用图片的形式给学生提供提示词，可以帮助他们迅速激活新词库里的全部单词，并快速进行检索，达到较好的复习效果。

4. 学生的认知规律。中小学阶段学生的特点是爱冒险、不怕犯错，是优秀的猜测者。

5. 加工深度。对词汇的深度加工有助于将词汇从短时记忆转入长时记忆。跟读单词的活动属于浅层的加工，适用于初学新词的时候；判断词性的任务加工深度更强；判断词义及应用单词任务在加工深度方面则更深一层；后两类活动可以使词汇从短时记忆转入并更长时间地存储于长时记忆中。

6. 情感回应。学生更易于记住能够激发情感的词。短时间内逐级增加对词义的提示更易于激发学生的情感回应。如果教师提供的线索是与学生的生活及感受息息相关的，则更容易帮助学生记住单词。

7. 心理图像。为学生提供的线索帮助学生提供了更多心理图像。帮助学生在心理图像以及词汇之间建立联系，可以使学生迅速激活更多的词汇、联想及想象，从而丰富他们个性化的词汇内容，更好地帮助学生记住单词。

3.1.1 游戏 1

图 3.1

图 3.2

(1)教学目的：在阅读课、语法课或者词汇课上复习单词。

(2)教学内容：复习单词“zoo”和“kangaroo”。

(3)课件说明：此类游戏适用于快速复习单词或者拼写。本游戏还有其他的变化形式。例如西瓜后面可以藏图片，显示意义，也可以藏单词，复习拼写；低年级的孩子一次可以提示 2～4 个单词(如图 3.1—图 3.4)，高年级的孩子可以给出更多的提示图片。同时，西瓜也可以换成学生刚刚学过的水果、蔬菜、动物、玩具等其他图片，还可以是礼品盒(如图 3.5—图 3.6)。

图 3.3

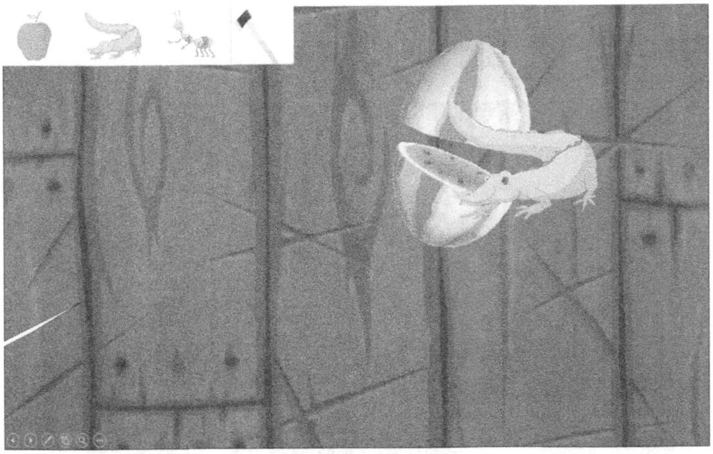

图 3.4

图 3.5

图 3.6

3.1.2 游戏 2

图 3.7

图 3.8

(1)教学目的：复习单词拼写。

(2)教学内容：复习单词“elephant”的拼写。

(3)课件说明：此类练习是请学生依据字母猜测词汇的拼写，可以在读前迅速复习单词时使用，也可以在词汇及拼读课上使用。如果学生没有在小白兔抵达老虎的位置前拼出单词，小白兔就会被吃掉。

此类任务也符合游戏1中所述的四项主要理念。拼写一直是中国孩子外语学习的弱项。拼写问题(遗漏字母、字母顺序错误等)会造成孩子在朗读过程中的加音、漏音、重音偏误等问题。因此，在课堂上也需要进行大量的拼读拼写练习。需要注意的是，在练习及强化拼读时，需要强调生词的重音，也需要强调单词在句中的重音以及在语流中的重音(如图3.9)。下面的游戏变体中先给出句子以及拼写字母提示，请学生猜测是什么动物，然后再依次呈现动物的图片以及拼写。

图 3.9

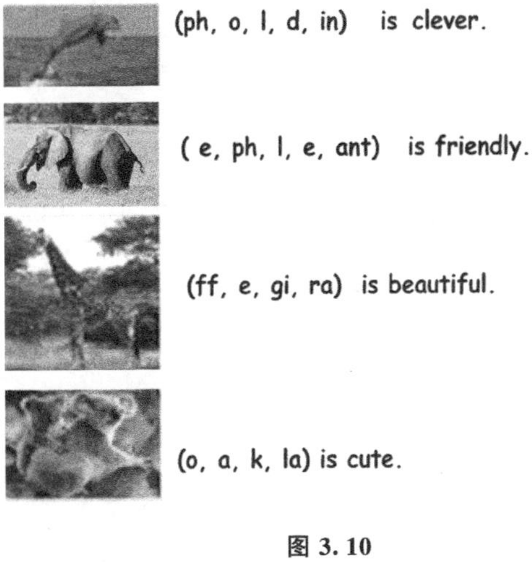

图 3.10

3.1.3 游戏 3

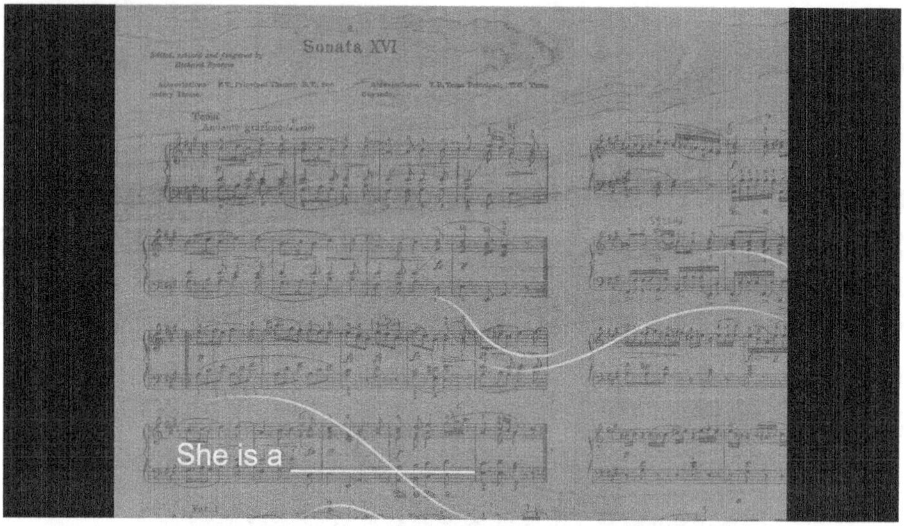

图 3.11

图 3.12

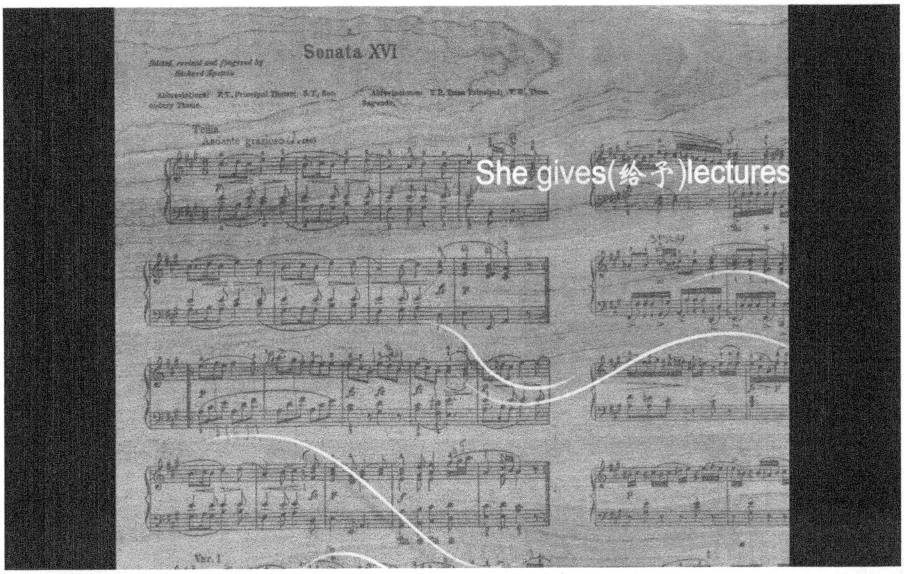
Sonata XVI
She gives(给予)lectures

图 3.13

Sonata XVI
Her students respect her very much.

图 3.14

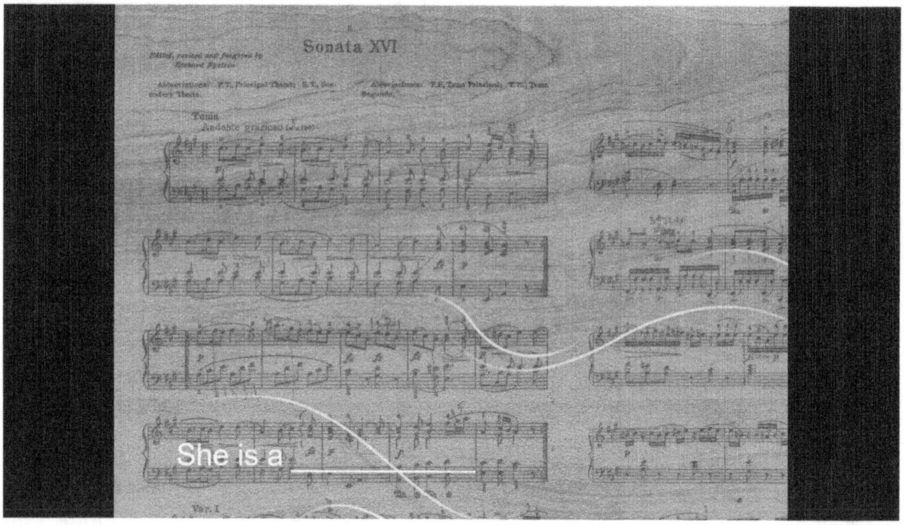

图 3.15

(1)教学目的：复习单词，练习推理能力。

(2)教学内容：复习单词“teacher”。

(3)游戏说明：本游戏适合高年级的孩子。通过逐级提供线索，请他们猜测单词。利用最少的线索正确猜测出单词者为胜者/胜得的组别。

3.2 朗读类游戏

设计理念：

发音回路(phonological loope) 。神经机制实验研究表明，人类发音回路出现于左脑，它使人们学会读，从而能够学会词语，并使语言学习成为可能。发音回路由两个子系统构成：语音存储和默读复述。在课堂活动中，如果大家一起朗读，或者听其他同学朗读，可以促进复述，强化对语言信息的记忆，学习效果也会更好。因为初次接触的词汇发音首先会存储于工作记忆中，如果没有及时的跟读及复述练习，工作记忆中旧的语音信息会被新的语音信息覆盖。研究同时发现，发音回路的发展有利于词汇的学习及阅读能力的发展。

3.2.1 游戏 1

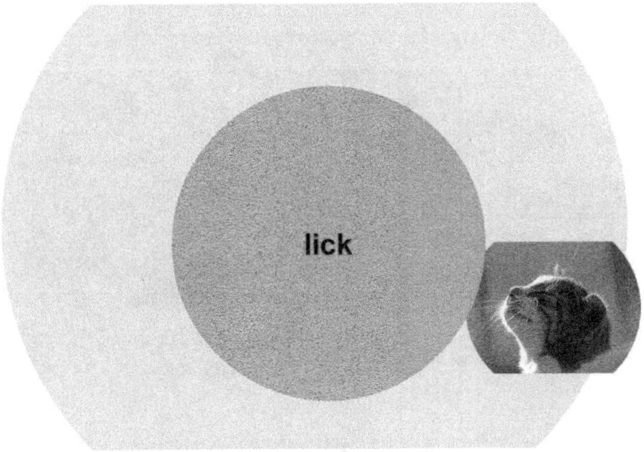

图 3.16

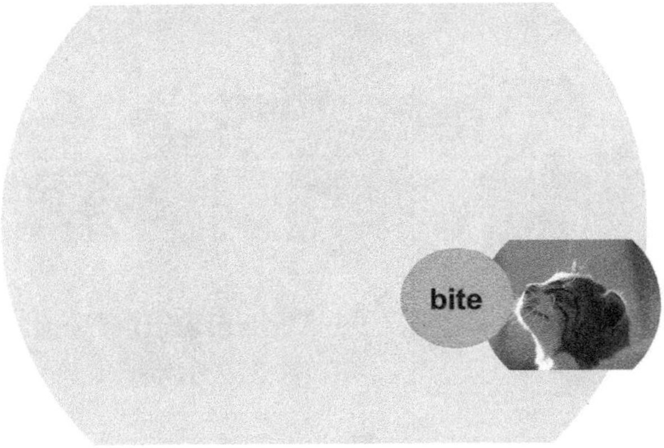

图 3.17

(1)教学目的：通过朗读复习单词。

(2)教学内容：复习单词"lick"和单词 "bite"。

(3)课件说明：此类游戏适用于刚刚接触生词时使用。课件中，单词泡泡会逐渐从页面左上方飞出屏幕。如果包含单词的圆形泡泡大，请学生大声朗读；如果泡泡小，请学生悄悄读；如果泡泡飞得快，就读三次，如果飞得慢，就读五次。越是低年级的孩子越是喜欢大声跟读及朗读的游戏。

3.2.2 游戏 2

图 3.18

图 3.19

游戏 2 是游戏 1 的拓展，这里不是让含有单词的泡泡慢慢飞出，而是让单词泡泡在图片各人物上随意游走，停在哪个人身上就请学生学着谁的声音大声读出单词。比如，呈现的这两张 PPT，一张是需要学爷爷的声音大声读出单词；一张是需要学妹妹的声音大声读出单词。

3.2.3 游戏 3

图 3.20

(1)教学目的：迅速复习单词。

(2)教学内容：复习学过的单词，具体单词请参照图片(图 3.20)。

(3)课件说明：越是低年级的孩子在学习生词的时候越需要多次的跟读，因为跟读的练习在帮助孩子们学习词汇的同时，还可以发展他们对语音的敏感度以及发音回路，从而提升阅读能力以及整体语感。在电子资源库中，还会赠送打地鼠、青蛙蹦蹦等游戏模版供老师们选择使用。如果没有准备 PPT，还可以用单词卡片来做。例如：①闪词：随意拿一张词卡迅速在学生眼前闪过，请他们说出是什么单词，或者说出相应的短语或者句子；②单词/短语/句子悄悄话：把学生分成三组或多组，在每组同学后面放一个单词/短语/句子的图卡，比如一个小猫的图片，然后给每组第一位同学看相应的词卡或者句子卡片，比如“cat”的词卡，然后请第一位同学悄悄传话给第二位同学，告诉他是什么单词，这样依次相传，传话到最后一位同学时，翻开他后面的图卡，看依次相传的单词和图片是否匹配，匹配即可得分；③击鼓传卡片：把卡片放在一个袋子里，老师播放音乐，每次音乐停的时候，学生要随意抽出一张卡片，读出单词或者说出相应句子；④小组转笔：四人一组，每组一套单词卡片，将卡片倒扣在桌子上。转动铅笔或钢笔，笔头冲着谁，谁就要随意翻过来一张卡片，读出相应单词或者用单词造句子。如果没有卡片，还可以直接用教科书做，比如，①走走停停：请全班同学离开座位，围成几个小圈走，然后请一位同学读课文，每读到某个生词的时候，全体同学都要停下，继续走的同学便要接替读课文；②分组领读：在刚刚学到生词的时候，因为担心出错，学生通常都不愿意自己单独领读，可以将学生分成几个小组，分小组轮流带领全班同学读课文。对于动词比较多的段落还可以请学生做小组活动，请小组中一位同学读一个句子，其他同学把句子表演出来，等等。

(4)简要制作步骤：首先将图片插入 PPT 中，不需要填满页面，然后插入圆圈，让圆圈在页面上滚动。圆圈滚动到哪个单词上，学生就迅速说出这个单词，也可以是短语或句子。这个游戏也是单词的朗读游戏，适合各个年龄段，复习效果也很好。

3.3　竞赛类游戏

设计理念：

选择性注意：选择性注意是对外界丰富的信息进行有效筛选，以确保有限的认知资源得以高效运行的认知系统。例如过马路的时候，除交通信号灯信息外，周边还有很多潜在的视觉信息，但是人们选择性地更多注意交通信息灯的颜色，而不是路边的一棵树。无论是低龄段还是高龄段的学生，注意力很容易被一些分心物吸引，课上的竞赛游戏可以有效避免因注意力不集中造成的学习效果不好，帮助学生把注意力集中在复习的内容上。同时有研究发现，工作记忆与选择性注意相互影响。工作记忆的内容在选择性注意的注意导向中有重要作用。

竞争与合作意识：组间竞争游戏可以培养学生的竞争与合作意识，有效发挥学生的能动性，并促进反思及综合素质的发展。

3.3.1 游戏 1

图 3.21

图 3.22

(1)教学目的：通过组间竞赛复习单词。

(2)教学内容：复习的单词：cheese，lollipop，carrot，strawberry，pumpkin。

(3)游戏说明：这是一个组间竞赛。将学生分成两组，每组选一个自己组的小宠物，哪组答对一个单词，哪组的小宠物就向山上前进一步，先到达终点的组别获胜。树上是单词图片，每答对一个单词，图片即消失，并出现单词拼写。

3.3.2 游戏 2

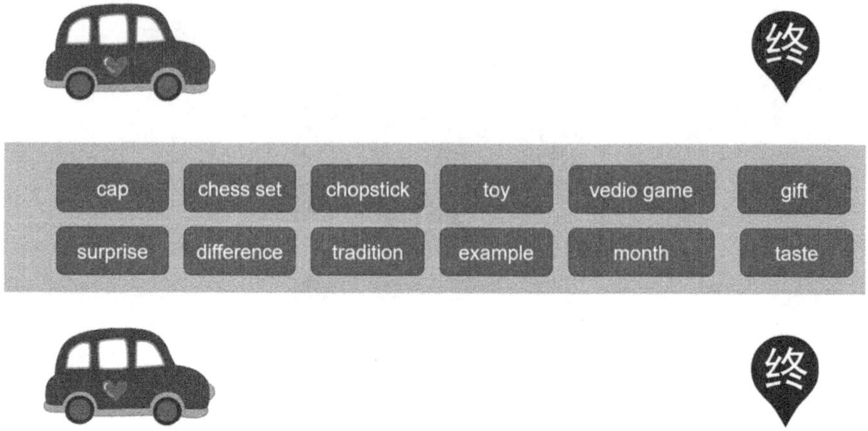

图 3.23

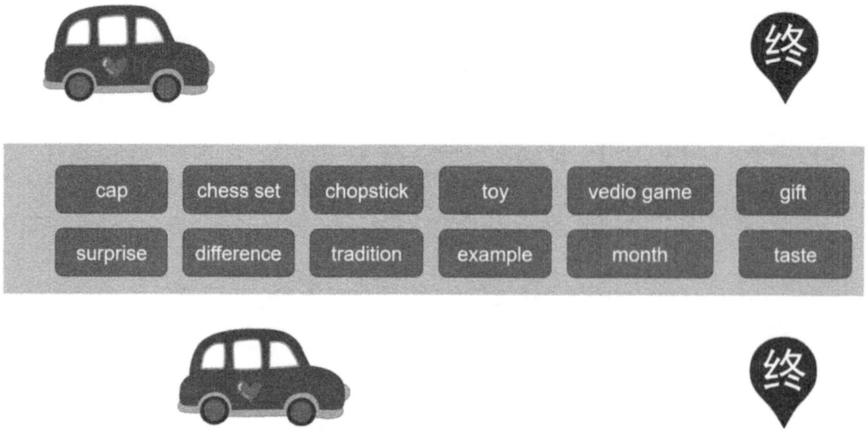

图 3.24

(1)教学目的：通过组间竞赛复习单词。

(2)教学内容：复习的单词请参考图片。

(3)游戏说明：这是两组间的单词朗读竞赛。将学生分为两组，每组选择自己的一部小车。每读对一个单词，老师可以点击一下本组的“终”字，本组的小车就前进一步，先到达终点的组别获胜。

3.3.3 游戏 3

图 3.25

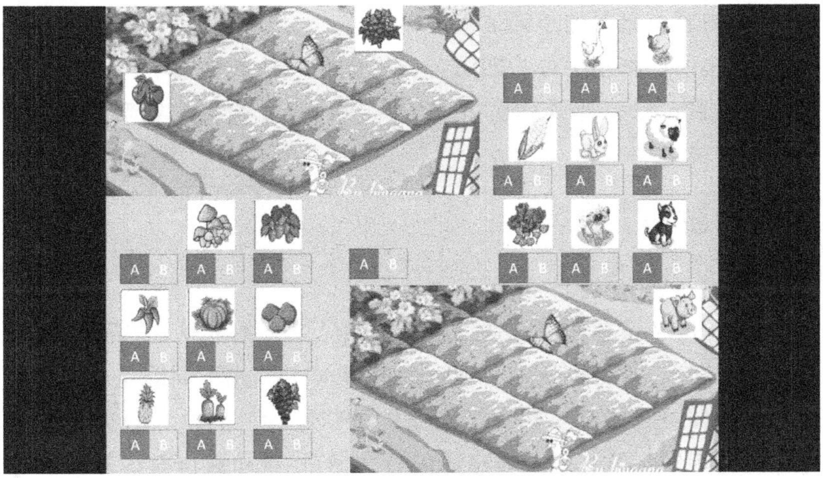

图 3.26

(1)教学目的：通过组间竞赛复习单词。

(2)教学内容：复习的单词请参考图片。

(3)游戏说明：这是一个改编自网络游戏的组间竞赛游戏。将同学分为A、B两组，各组同学选择自己的菜地，每读对一个单词，菜就会种到自己组的菜地当中，比较两组菜地，菜多为胜。

3.3.4 游戏 4

图 3.27

(1)教学目的：通过四个组的组间竞赛复习单词。

(2)教学内容：复习的单词请参考图片。

(3)游戏说明：将学生分为四组，各组选择一种颜色的球，球一共四个颜色，红、蓝、黄、绿。老师呈现单词图片后，学生抢答，答对的组别得球，最终得球最多的组别获胜。

3.4 动词游戏

设计理念：

1. 加工深度及情感回应，详细解释请参见 2.1 中游戏 3 的理念解释。

2. 具身认知：与传统认知心理学的符号加工模式不同的是，具身认知强调了心智或认知对身体及其感觉运动系统的依赖性。它认为身体的构造和状态、身体的物理属性及其大脑与身体的特殊感觉-运动通道对认知具有塑造作用。概念是通过体验，特别是通过感知和肌肉运动功能得到的。认知既是具身的，也是嵌入的，大脑嵌入身体、身体嵌入环境，构成了一体的认知系统。

3. 心智模拟能力：Lakoff 等人的神经理论(neuro theory)认为，只有当我们能够观察到或想象到一个与概念相关的动作时，我们才能够理解这一概念的意义。想象某一概念相关的动作的能力就是一种心智模拟能力，一种在头脑里实施这一动作的能力。将词汇的形义结合起来，进行动作模拟，可以促进词汇的内化，同时发展学生的心智模拟能力。

游戏形式：

猜测词义。词汇可以用几种形式呈现。

第一，可以用单词的拼写本身呈现词汇的意义。其中“look”一词中的眼珠会左右移动，形象性地呈现词汇意义。

图 3.28

图 3.29

图 3.30

图 3.31

图 3.32

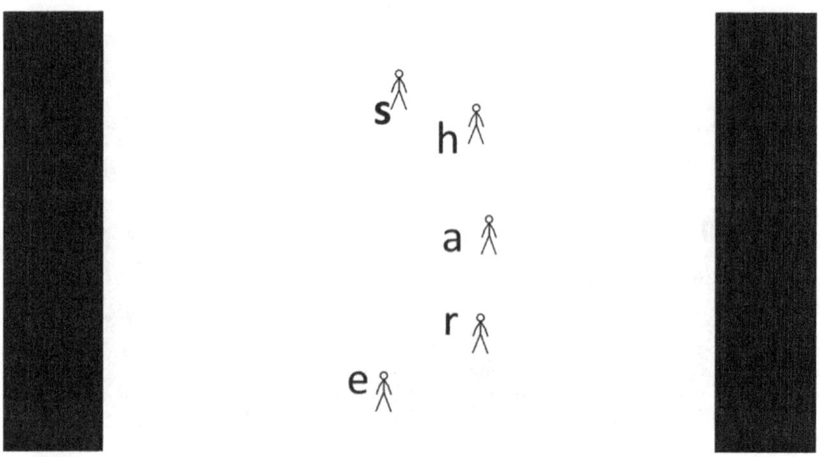

图 3.33

第二，可以利用图片及情境辅助呈现意义及拼写。

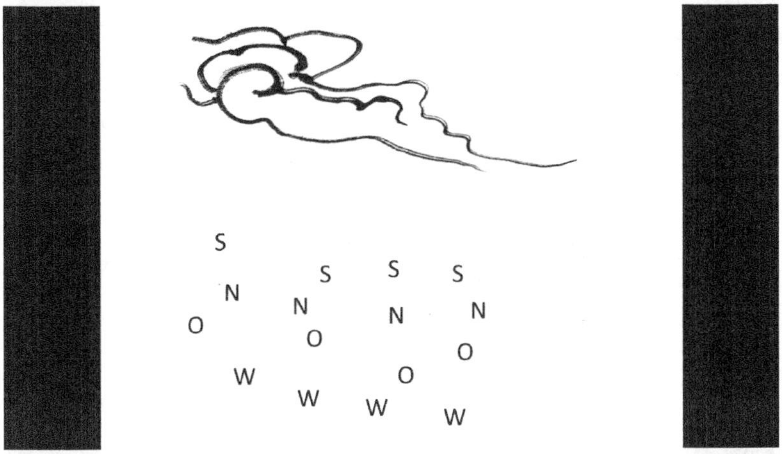

图 3.34

图 3.35

图 3.36

图 3. 37

图 3. 38

图 3. 39

图 3.40

第三，可以通过为单词中的某一个字母添加动画的形式，清晰呈现词汇意义，使形义有机结合。

图 3.41

图 3.42

3.5 词汇网络

设计理念：

英语词汇极其丰富，但每个词都有着各自所归属的领域或范围。因此，分门别类进行词汇记忆，如可以按其性质或用途，分为学习用品、家庭成员、交通工具、百货商品、地点名称等，使之条理化、系统化，记忆效果会事半功倍。用思维导图对词汇进行分类，主次分明、条理清晰，能够帮助学生摆脱孤立记忆，构建词汇网络。游戏形式，可以依据词义构建词汇网络（如图 3.43）。也可以依据构词法构建词汇网络（如图 3.44）。

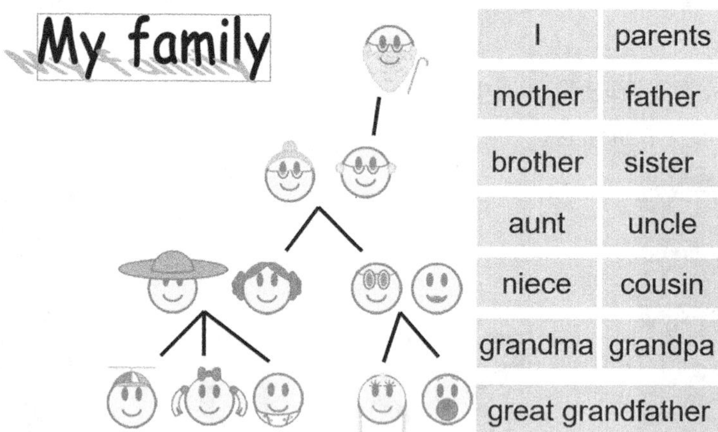

图 3.43

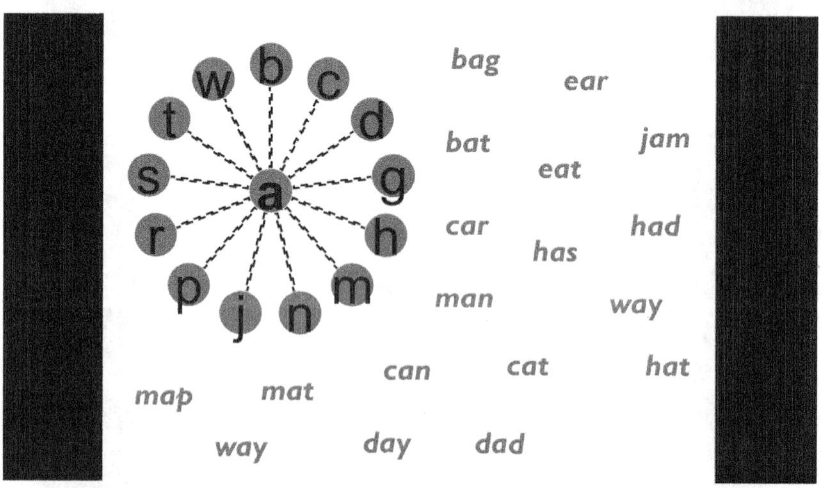

图 3.44

4. 短语游戏

4.1 猜测类游戏

设计理念：

1. 遗忘规律。基于遗忘曲线，短语在刚刚学到的时候遗忘得很快，1 小时内遗忘 50%以上，24 小时内遗忘率达到 80%，因此学习新短语后在短时间内复现次数不足，就会导致遗忘。时间短、复习内容又丰富的活动，可以保证课堂上高频复现。可以在学习词汇的基础上，穿插在语法、阅读等教学过程中，作为 2 分钟左右的短语复习小游戏。具体应用请参照游戏 1 和游戏 2。

2. 注意力规律。注意力是影响课堂学习效率的重要因素，程度较高的注意力能够改善记忆水平。通过结合形象的图片形式，学生的注意力会高度集中，对所学知识的记忆会更加牢固。具体应用请参照游戏 3。

3. 记忆检索规律。刚刚学完的短语像是一个小型的词库。用图片的形式给学生提供提示词，可以帮助他们迅速激活新词库里的全部单词，并快速进行检索，达到较好的复习效果。具体应用请参照游戏 2。

4.1.1 游戏 1

图 4.1

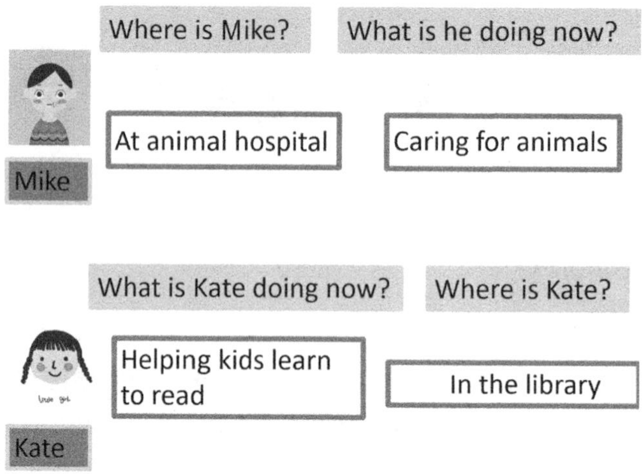

图 4.2

(1)教学目的：能够使用 where 和 what 两种句型，并掌握 4 个短语。

(2)教学内容：教师提出 4 个问题：①Where is Mike? ②What is he doing now? ③What is Kate doing now? ④Where is Kate? 学生根据 4 张图片猜测答案：at animal hospital; caring for animals; helping kids learn to read; in the library。

(3)课件说明：该游戏课件由图片和文字构成，此类游戏适用于指导学生快速复习学过的短语，教师可以在教学的前、中、后练习短语时使用。教师需要提前准备好与短语相关的图片场景，并将图片设置于短语上方，通过点击图片呈现短语内容。

4.1.2 游戏 2

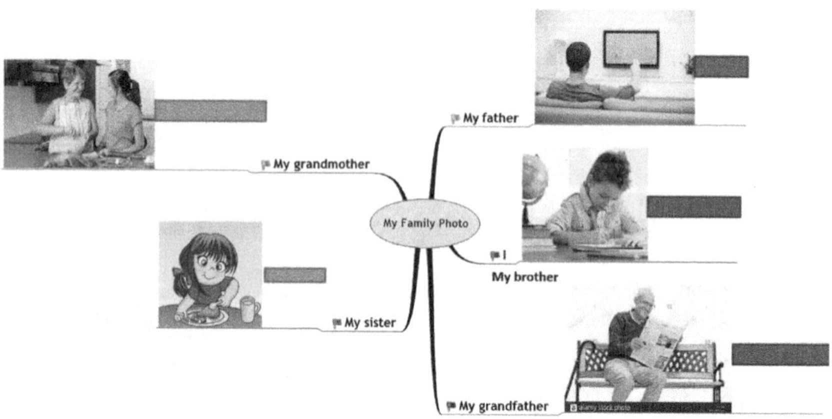

图 4.3

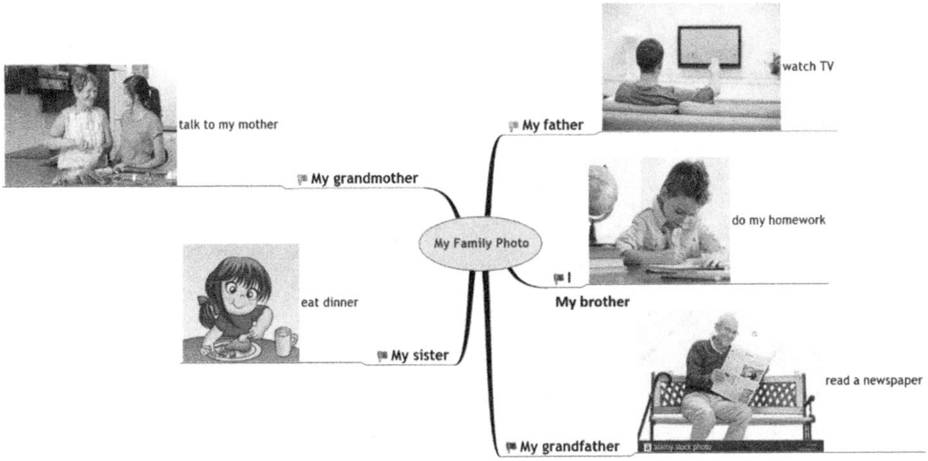

图 4.4

(1)教学目的：能够借助思维导图掌握5个动词短语。

(2)教学内容：教师呈现“my family photo”的思维导图，围绕家庭关系设置5个人物角色：my father，my sister，my brother，my grandfather，my grandmother，并以人物关系的思维导图为基础展示与之相关的动作图片，引导学生根据图片猜测短语内容：watch TV，eat dinner，do my homework，read a newspaper，talk to my mother。

(3)课件说明：该游戏课件引导学生依据图片猜测短语，可以在学习单词后将短语知识进行逻辑化串联，也可以在阅读后迅速复习短语时使用。教师需要提前厘清内容的逻辑关系，构建思维导图，并将图片设置于短语上方，通过点击图片呈现短语内容。

4.1.3 游戏 3

图 4.5

图 4.6

(1)教学目的：能够借助简笔画掌握 2 个动词短语。

(2)教学内容：教师逐渐展开 2 个动态的简笔画，引导学生根据图片猜测短语内容：go skating，play basketball。

(3)课件说明：该游戏课件是通过简笔画的形式勾勒出短语的内容，可以使学生在头脑中对短语进行图像化。图形随动画逐渐展开，用最短时间猜测出简笔画意义的组别获胜。教师要将短语内容用简笔画勾勒出来。

4.2 短时记忆类游戏

设计理念：

1. 短时记忆。短时记忆是指人对刺激信息进行加工、编码，短暂保持和容量有限的记忆。短时记忆是从瞬时记忆到长时记忆的中间环节。其功能是暂时地存储信息，以使信息进入长时记忆。短时记忆的提取方式是完全系列扫描的方式。

2. 有意注意。有意注意是信息有效加工处理的必要但非充分条件。通过设置颜色板块和限时记忆，能够引起学生的有意注意，也只有有意注意所引起的输入才能最终转化为长时记忆。具体应用见游戏 1—5。

4.2.1 游戏 1

(1)教学目的：能够掌握 6 个动词短语。

(2)教学内容：教师限时呈现 6 个短语，包括 play basketball，babysit one's sister，visit one's grandparents，watch TV at home，go camping，go shopping，然后用颜色板块提示学生回忆每个颜色对应的短语内容。

图 4.7

(3)课件说明：该游戏课件通过将颜色块同短语进行结合，帮助学生进行联想记忆。教师需要提前设置颜色板块，设置限时条形码提示，并将短语内容埋于颜色板块下。厘清内容的逻辑关系，构建思维导图，并将图片设置于短语上方，通过点击图片呈现短语内容。

4.2.2 游戏 2

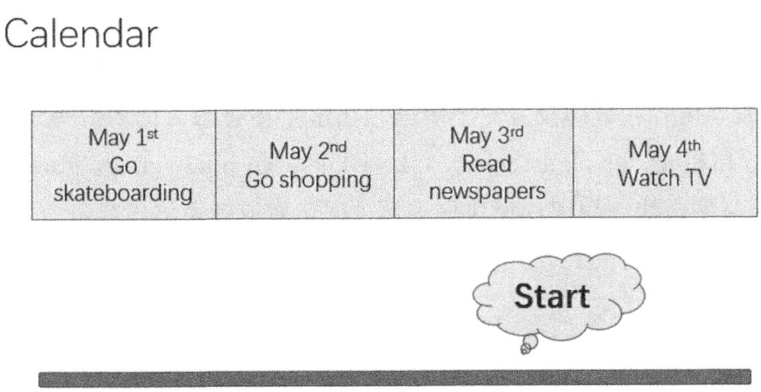

图 4.8

图 4.9

May 1st Go skateboarding	May 2nd Go shopping	May 3rd Read newspapers	May 4th Watch TV

图 4.10

(1)教学目的：能够借助日期掌握 4 个动词短语。

(2)教学内容：教师设置 4 个短语，并将其与日期进行匹配：May 1st：go skateboarding；May 2nd：go shopping；May 3rd：read newspaper；May 4th：watch TV，然后用日期板块提示学生回忆每个日期对应的短语内容。

(3)课件说明：该游戏课件通过将日期板块同短语进行结合，增强信息的输入强度，帮助学生巩固记忆。通过设置时间限制，并对相应信息进行“盖板”处理，学生对对应信息进行匹配。在复现时，通过刺激学生头脑中的信息，引出对相应短语内容的复现，有效提升学生的学习效率。教师需要提前设置日期板块，设置限时条形码提示，并将短语内容埋于日期板块下。

4.2.3 游戏 3

(1)教学目的：能够在给定时间里借助图片掌握 5 个动词短语。

(2)教学内容：教师设置 5 个短语，让学生在有限时间内对短语进行快速记忆：go fishing，go sightseeing，take walks，go bike riding，go swimming，然后关掉文字板块，用图片板块提示学生回忆对应的短语内容。

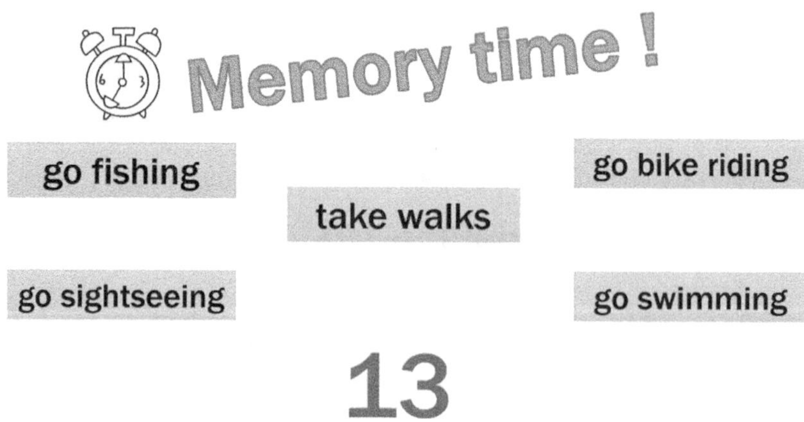

图 4.11

图 4.12

go fishing

go bike riding

take walks

go sightseeing

go swimming

图 4.13

(3)课件说明：该游戏帮助学生首先对短语进行短时记忆，然后结合图片，从视觉上刺激学生加强对短时记忆短语内容的复现。复现时，通过图片刺激学生头脑中的信息，引发学生的联想和有意注意，引出对相应短语内容的复现，增强其记忆力，提高语言输出的效率。该游戏适用于中高年级学生学习、复习短语。教师需要提前设置倒计时板块，设置与短语内容相对应的图片，并将短语内容设置在板块下，通过点击图片可以呈现短语内容。

4.2.4 游戏 4

（1）教学目的：能够在有限的时间里借助图片以时间顺序掌握 5 个动词短语。

（2）教学内容：教师以时间顺序对 5 个短语内容进行排列，让学生在有限时间内对短语进行快速记忆 get up，eat breakfast，go to school，do homework，go to bed，然后用图片板块提示学生回忆对应的短语内容。

图 4.14

图 4.15

图 4.16

(3)课件说明：该游戏课件通过时间、图片的结合，让学生对短语内容进行记忆，并通过“黑色遮影”按照时间顺序复现短语内容，刺激学生的短时记忆。教师需要提前设置倒计时板块，设置与短语内容相对应的图片，设置“黑色遮影”，将以时间顺序组织的短语内容设置在“黑色遮影”下面。

4.2.5 游戏 5

图 4.17

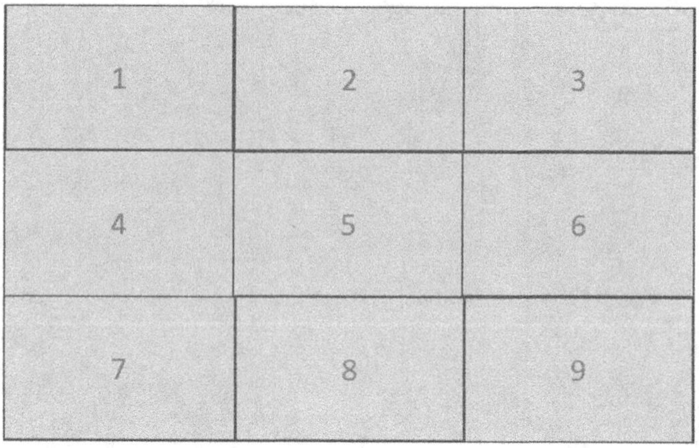

图 4.18

图 4.19

(1)教学目的：能够在有限的时间里结合位置记住 9 个短语。

(2)教学内容：教师对 9 个短语内容进行限时呈现，让学生在有限时间内对短语进行快速记忆：outdoor sports，athletic sports，table tennis，play soccer，go hiking，go swimming，play volleyball，play baseball，play football，然后借助带有序号的位置板块提示学生回忆对应的短语内容。

(3)课件说明：该游戏课件通过对“沙漏”倒计时、短语位置的结合，让学生对短语内容进行记忆，并通过数字“盖板”让学生复现短语内容，刺激学生的短时记忆。教师需要提前设置“沙漏”倒计时板块，并设置 9 个板块，将板块数字同短语内容相结合，点击数字让学生快速回忆。

4.3　竞赛类游戏

设计理念：

1. 情感策略。情感策略是指英语语言学习者在学习过程中的学习动机、学习信心及其积极的学习态度。通过利用多媒体计算机软件设置竞赛类游戏，为学生提供良好的学习环境与互动环节，同时，促使学生产生积极主动的学习心理。这种方式有利于提高学习者的学习兴趣、增强其自信心，从而有效提高学习者的学习效率。

2. 激励机制。一方面，以小组为单位展开学习成果检验，能在一定程度上激发学生主动输出的热情，学生互动情绪高涨，课堂气氛活跃，教学效果提升；另一方面，激励机制可以促进学生的学习动力，激发学生的学习热情，同时也可以激起学生之间互相博弈共同提高的能力。

4.3.1　游戏 1

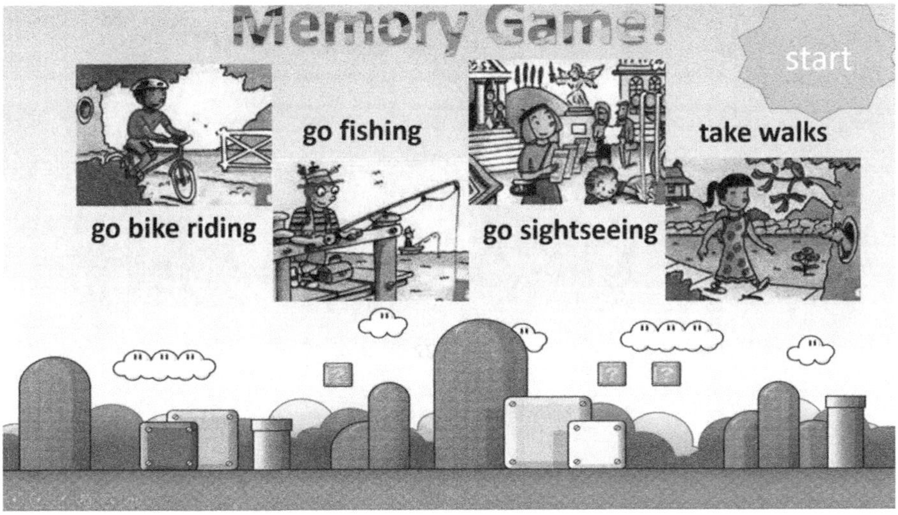

图 4.20

图 4.21

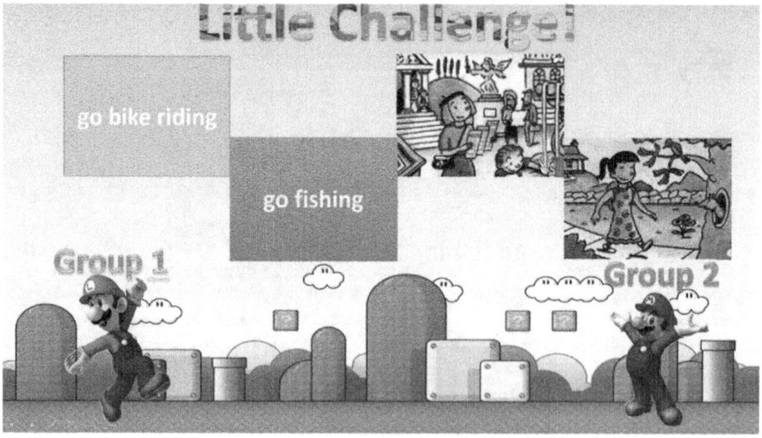

图 4.22

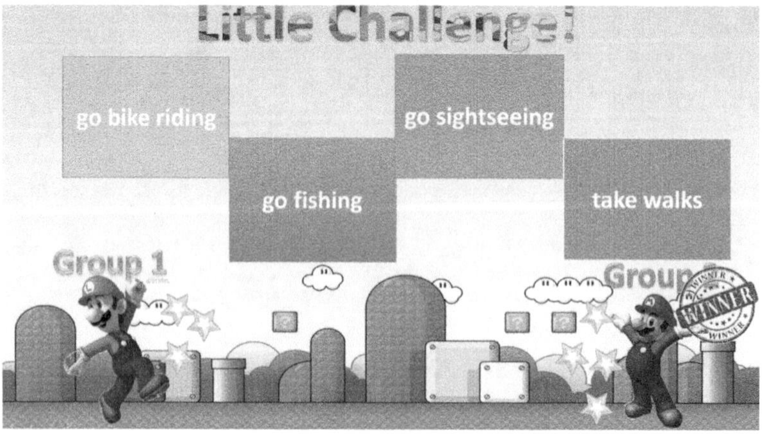

图 4.23

(1)教学目的：能够在有限的时间里结合图片记住 4 个短语。

(2)教学内容：教师对 4 个短语内容结合图片进行呈现，让学生对短语进行快速记忆：go bike riding，go fishing，go sightseeing，take walks，然后让两组学生根据图片回忆短语内容，展开比拼。

(3)课件说明：该游戏课件通过设置图片"盖板"，刺激学生对短语内容的回顾。该游戏适用于学生学习短语的中、后期。同时，丰富多彩的图画和有趣的形式也增强了英语短语学习的趣味性。教师需要提前设置短语内容和对应的图片，设置比拼的"马里奥"形象和 4 个"星星"，点击图片让学生快速回忆并抢答夺得"星星"。

4.3.2 游戏 2

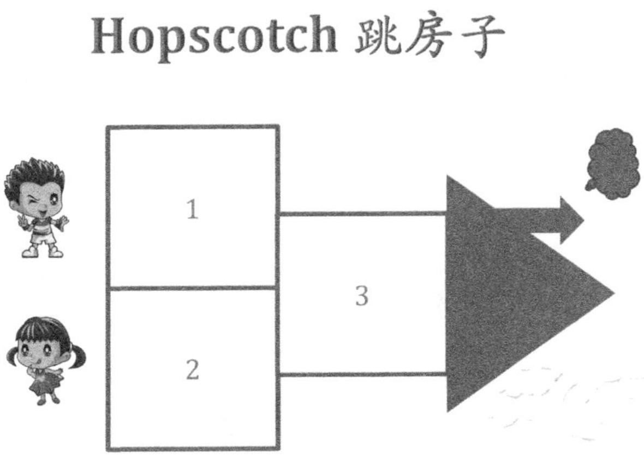

图 4.24

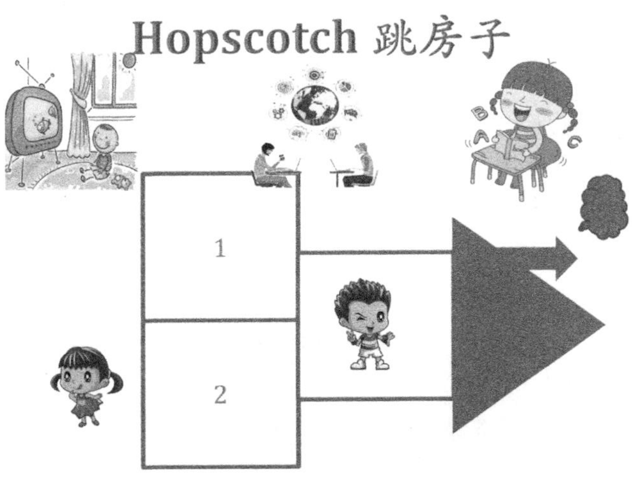

图 4.25

(1)教学目的：能够在限定时间里结合图片记住3个动词短语。

(2)教学内容：教师结合图片对3个短语内容进行生动的呈现，引导学生在有限时间里快速记忆短语：watch TV，read English books，surf the Internet，然后让两组学生根据图片回忆短语内容，展开比拼。

(3)课件说明：该游戏课件通过设置趣味游戏“跳房子”，结合与短语内容相对应的图片，促进学生对于短语内容的复现。通过“竞赛”的形式深度强化学习，增加信息提取频次，促使学生的短时记忆向长时记忆转化。

4.3.3 游戏3

图4.26

图4.27

图 4.28

(1)教学目的：能够在有限的时间里结合图片记住 5 个动词短语。

(2)教学内容：教师对 5 个短语内容结合图片进行呈现，让学生对短语进行快速记忆：watching TV，doing homework，eating dinner，talking on the phone，playing basketball，然后让两组学生根据图片回忆短语内容，展开比拼。

(3)课件说明：该游戏课件首先让学生结合生动的视觉形象对短语内容进行记忆，单击 go 按钮，去除短语文本，让学生根据图片以“走迷宫”的形式进行短语内容复现比拼，激发学生的学习兴趣。教师需要提前设置短语内容和对应的图片，设置比拼的两个任务形象和前进的路径，点击图片让学生快速回忆并前进。此外，教师也可以设计多种感官共同参与的活动，例如引入多媒体声音、视频等，让英语短语学习的趣味性更加丰富。

5. 语篇游戏

5.1 猜测类游戏

设计理念：

1. 读前激活背景知识。阅读前，使用思维导图帮助学生搜集、了解与语篇相关的信息，有利于激活学生头脑中的背景知识，对所学内容进行预测。同时，在思维导图中设置图片充分吸引学生的注意力，增强学生对于知识的记忆深度，为学生更好地理解语篇内容提供重要支撑。

2. 读中提供支架。阅读中，使用思维导图可以以丰富的视觉形象展现语篇内容。在教学中，教师可以帮助学生通过采用速读、略读等阅读策略来获取语篇的重要信息，为学生更好地理解语篇内容提供“支架”。通过设置阶梯式难度的任务，使学生在掌握语篇内容的基础上提高阅读理解能力和思维能力。

3. 读后强化理解。阅读后，使用思维导图可以强化学生对语篇内容的理解，促使学生从深层次上对语篇内容展开思考。教师可以提供关键词或者用图片、简笔画等形式辅助强化学生对语篇内容的整体吸收、分类和理解。

4. 语境分析。导图及猜测类游戏可帮助学生结合语境对语篇整体内容进行理解，并通过分析上下文，对句子含义进行深度挖掘。

5. 逻辑推理。猜测并不是凭空进行猜测，而是需要把握文章的脉络和逻辑关系，根据语篇的具体线索进行推理性猜测。语篇阅读的逻辑就是通过文本材料的具体信息，抓住其中心思想，有技巧、有策略地进行推理。

在教学中，教师可以通过创设主题语境，引导学生从整体上把握语篇的篇章结果，激发学生的阅读兴趣与热情，增强学生的自信心，强化学生的英语阅读能力。

5.1.1 游戏 1

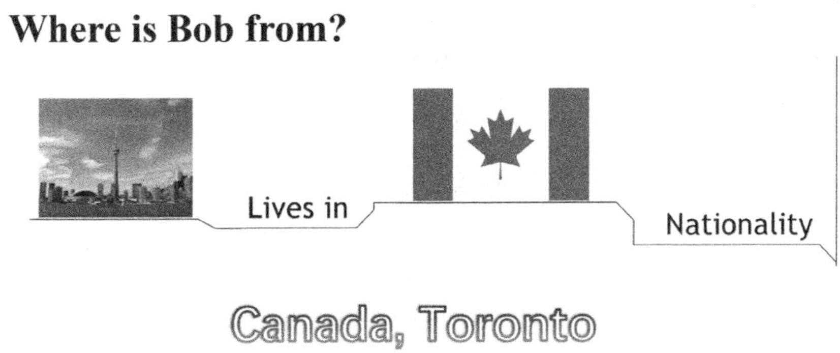

图 5.1

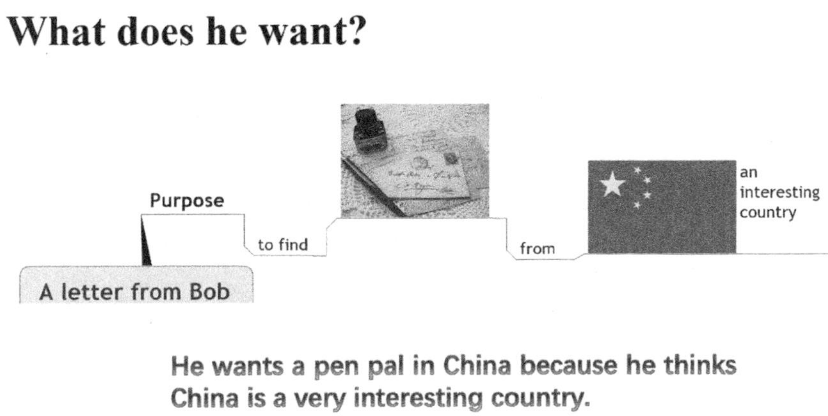

图 5.2

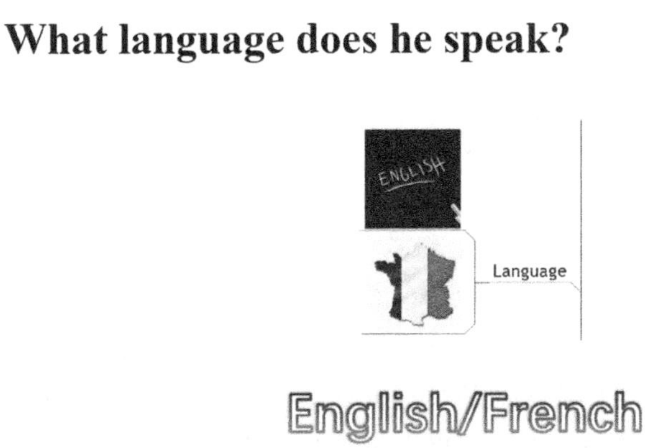

图 5.3

What does he like?

图 5.4

课文

My name is Bob.

I live in Toronto, Canada, and I want a pen pal in China.

I think China is a very interesting country.

I can speak English and a little French.

I like going to the movies with my friends and playing sports.

图 5.5

(1)教学目的：能够结合思维导图对语篇内容进行梳理并记忆。

(2)教学内容：教师利用思维导图结合图片梳理语篇内容，让学生对语篇内容进行猜测并记忆：“My name is Bob. I live in Toronto, Canada, and I want a pen pal in China. I think China is a very interesting country. I can speak English and a little French. I like going to the movies with my friends and playing sports.”

(3)课件说明：该游戏课件将语篇拆解为单句，并借助思维导图进行分步展示，帮助学生通过具有逻辑性的图片一步步掌握语篇内容，最后从整体上对语篇内容进行回顾。该游戏适用于语篇教学的读中和读后环节，适合中、高年级具有一定逻辑推理能力的学生使用。教师需要提前梳理语篇内容，并设置同语篇内容对应的图片。此外，该游戏课件中的思维导图也适用于低年级的学生使用，但需要转换思维导图的呈现方式。低年级的学生掌握的单词量有限，存在一定的阅读困难。教师可以引导学生根据个人理解绘制思维导图，引导学生对语篇内容进行梳理和理解。在使用思维导图进行语篇教学时，教师需要注意结合学生的年龄阶段和认知水平，科学合理地使用，使其为英语阅读有效提供工具支撑。

5.1.2 游戏 2

Over time I have been changed quite a lot. I began as a calculating machine in France in 1642. Although I was young, I could simplify difficult sums. I developed very slowly and it took nearly two hundred years before I was built as an analytical machine by Charles Babbage.

After I was programmed by an operator who used cards with holes, At that time it was considered a technological revolution and the start of my "artificial intelligence".

图 5.6

Over time I have been changed quite a lot. I began as a calculating machine in France in 1642. Although I was young, I could simplify difficult sums. I developed very slowly and it took nearly two hundred years before I was built as an analytical machine by Charles Babbage.

After I was programmed by an operator who used cards with holes, At that time it was considered a technological revolution and the start of my "artificial intelligence".

A. I could "think" logically and produce an answer quicker than any person.
B. I grew rapidly both in size and in brainpower.
C. I was made smaller.

图 5.7

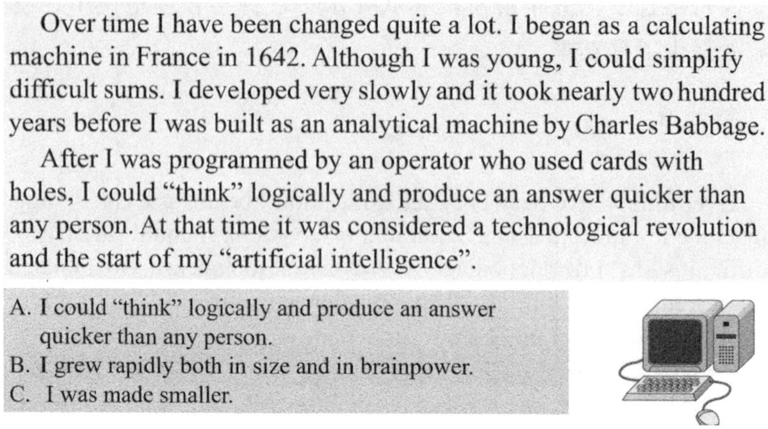

图 5.8

(1)教学目的：能够掌握语篇大意，并结合语境填补空缺的句子。

(2)教学内容：教师让学生快速阅读语篇，并利用"盖板"引导学生结合语境选择恰当的句子进行填空。

(3)课件说明：该游戏课件通过利用"盖板"的遮盖功能引导学生进行句意猜测并结合上下文进行选择。首先，教师展示一组句子，对其中的一句进行"盖板"处理；其次，给出多个结构相似但含义不同的句子，引导学生联系语境和上下文选出最符合的句子；最后，教师提供答案，并对学生的猜测进行指导和评价。教师需要提前梳理语篇内容，并在"盖板"下设置具有迷惑功能的其他选项。

5.2 记忆类游戏

设计理念：

1. 复述策略。该策略通过运用内部语言在大脑中重现学习材料，以便更好地保持信息。在语篇学习中，复述是一种主要的记忆手段。具体实施参考游戏 1。

2. 短时记忆策略。短时记忆是指人对刺激信息进行加工、编码、短暂保持和容量有限的记忆。作为瞬时记忆到长时记忆的中间环节，短时记忆旨在暂时存储信息，且其信息容量非常有限。通过对短文进行短时阅读，将关键信息进行视觉编码，刺激学生注意力高度集中，提升学习效率。

5.2.1 游戏 1

(1)教学目的：能够通过速读掌握语篇大意，并结合上下文填补空缺的单词或者短语。

(2)教学内容：教师让学生快速阅读语篇，并利用“盖板”引导学生结合语境填补缺失的内容。

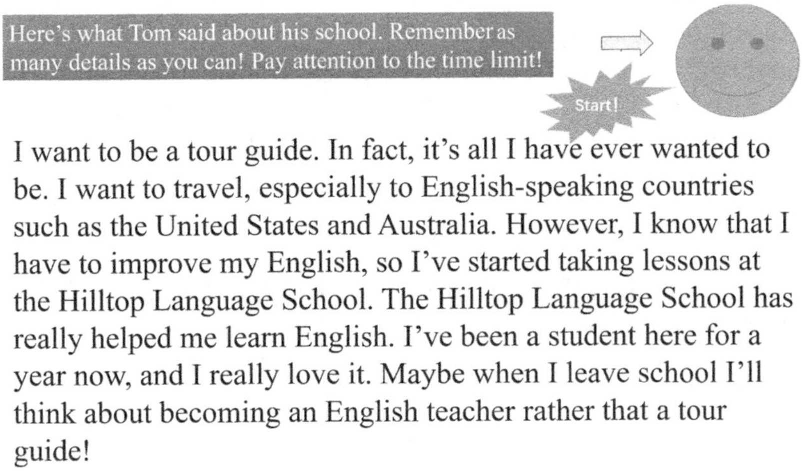

图 5.9

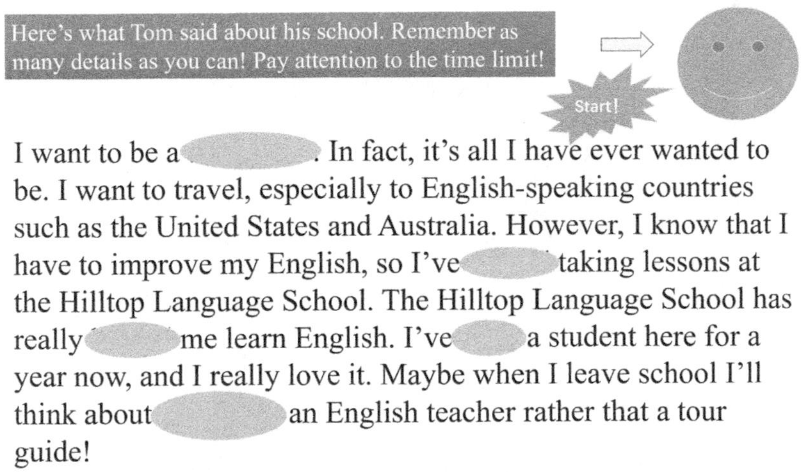

图 5.10

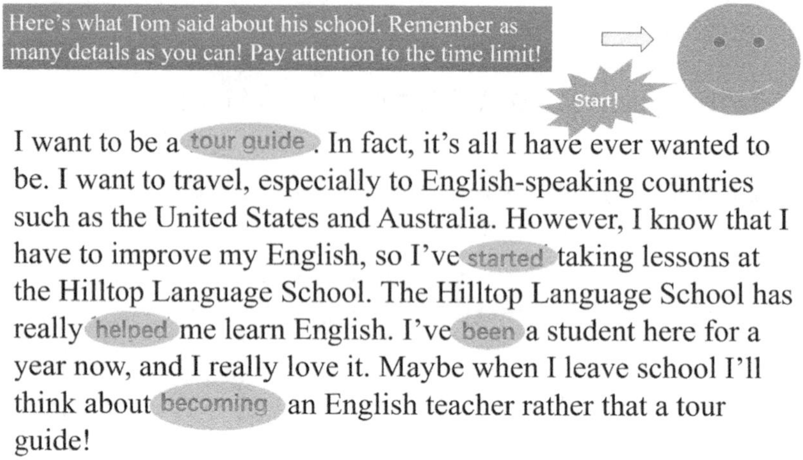

图 5.11

(3)课件说明：该游戏课件首先让学生对语篇内容进行速读，在有限时间内记忆语篇内容的关键信息，然后对部分信息进行“盖板处理”，让学生对空白处进行记忆复现。该课件通过设置阅读记忆时间，激发学生的内在学习潜力，引导学生处于注意力高度集中的状态。同时同“盖板”进行结合，也让学生更加明确该语篇学习的重点。教师需要提前梳理语篇内容，并对重点的单词短语进行盖板处理，学生回答完后，通过点击盖板显示正确答案。

5.2.2　游戏 2

图 5.12

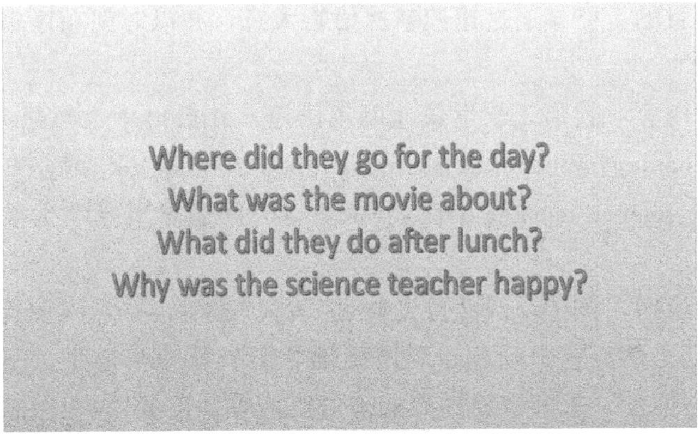

图 5.13

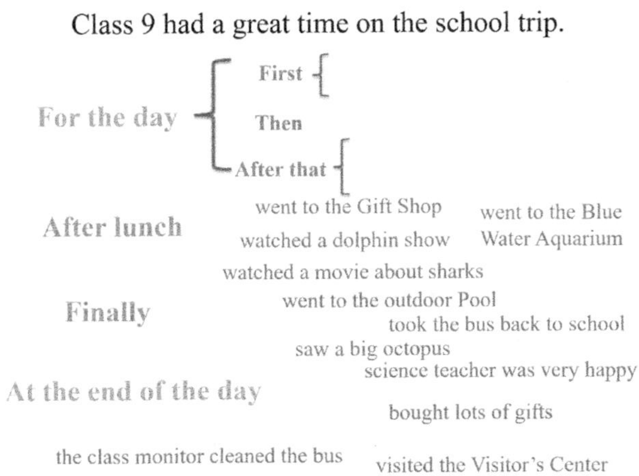

图 5.14

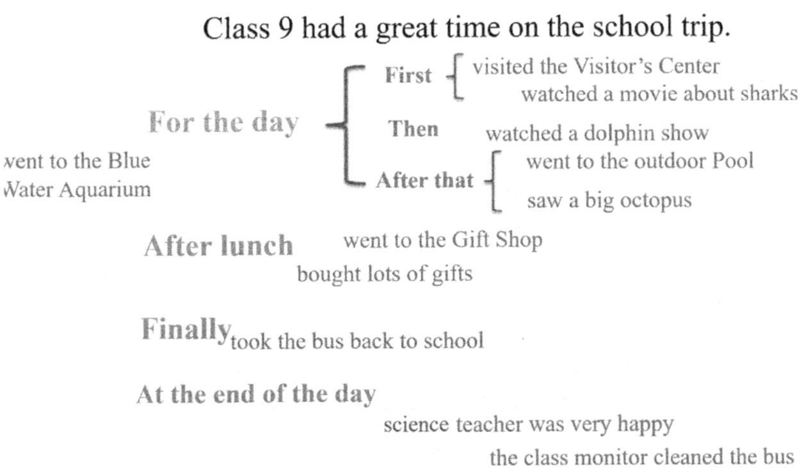

图 5.15

(1)教学目的：能够通过速读掌握语篇大意，并以时间顺序选择正确对应的内容。

(2)教学内容：教师让学生快速阅读语篇，并提出4个问题："Where did they go for the day? What was the movie about? What did they do after lunch? Why was the science teacher happy?"最后以时间逻辑引导学生重新组织语篇内容。

(3)课件说明：该游戏课件首先通过"盖板"遮盖，快速闪现句子，让学生进行短时记忆。然后提出问题，利用思维导图引导学生按照时间顺序对语篇关键内容进行匹配。教师需要提前梳理语篇内容，设置"盖板"和移动的速度，抓住语篇内容的主要逻辑结构，引导学生进行内容匹配。

5.2.3 游戏 3

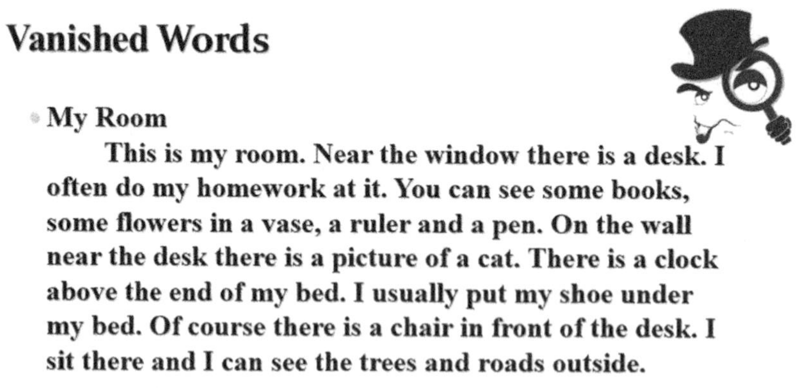

图 5.16

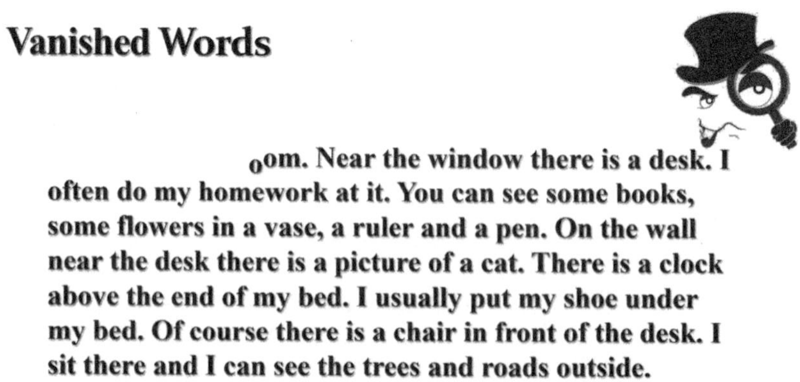

图 5.17

Questions

- Where is the desk?
- What animal is in the picture?
- Where does he put his shoes?

图 5.18

(1)教学目的：能够通过速读掌握语篇大意。

(2)教学内容：教师让学生快速阅读语篇，提出 3 个问题："Where is the desk? What animal is in the picture? Where does he put his shoes?"引导学生进行回答。

(3)课件说明：该游戏课件通过利用"消失的文字"限时让学生对语篇内容进行记忆，然后通过提问考查学生对于限时记忆内容的掌握程度。教师需要提前梳理语篇内容，设置文字消失的速度，设置关键性问题，引导学生回忆语篇内容。此外，"消失的文字"这一丰富的视觉形象可以激发学生的学习兴趣。通过提问的方式，教师引导学生掌握该语篇的重要信息，激活学生的思维。

5.2.4 游戏 4

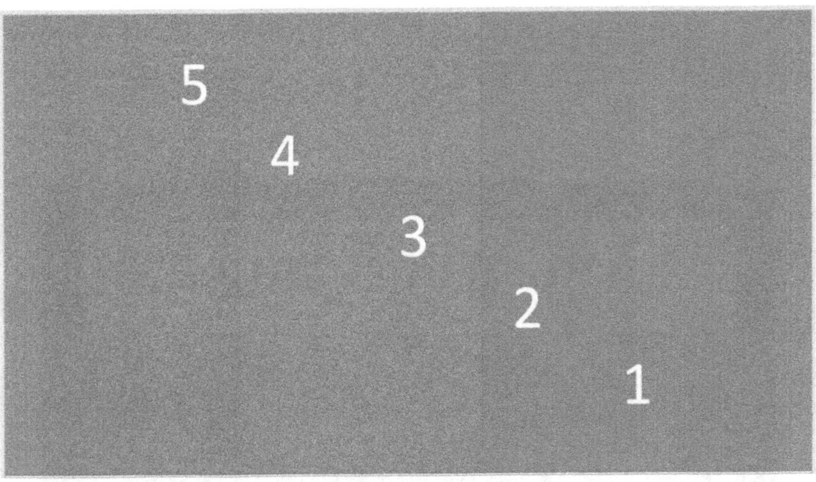

图 5.19

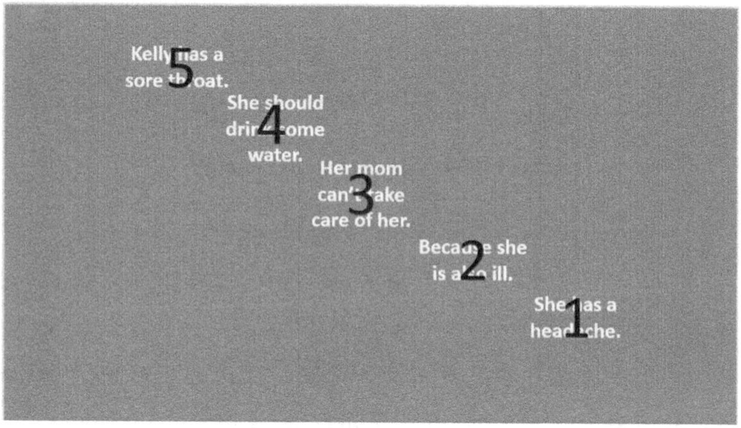

图 5.20

(1)教学目的：能够通过速读掌握语篇大意。

(2)教学内容：教师让学生快速阅读语篇，设置两个选择题，引导学生进行回答。

(3)课件说明：该游戏课件首先通过展示数字位置，引导学生关注接下来即将出现的内容。教师将语篇内容拆解为单句，进行限时闪现，让学生在短时间内记忆相关信息。记忆后，教师提供两个选择题以考查学生的记忆情况。教师需要提前梳理语篇内容，设置数字出现的速度，设置关键性问题，引导学生回忆语篇内容。此外，通过有趣的闪现方式，激发学生的记忆动力。通过设置问题，发挥学生的积极性，启发学生对于语篇的深入思考，在提升学生语言技能的同时发展其思维能力。

5.2.5　游戏 5

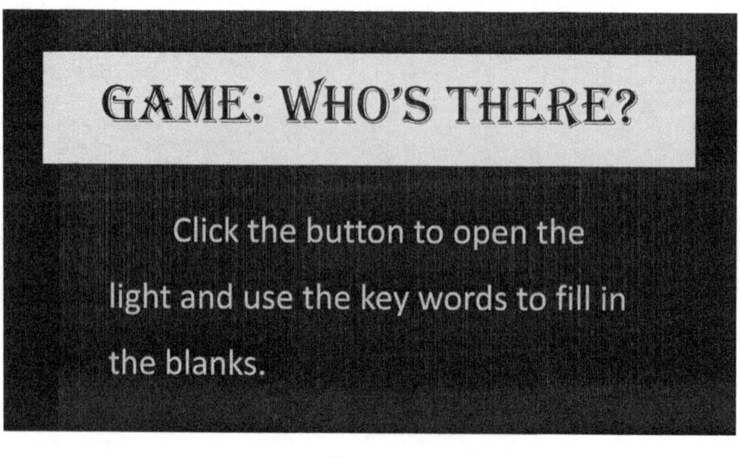

图 5.21

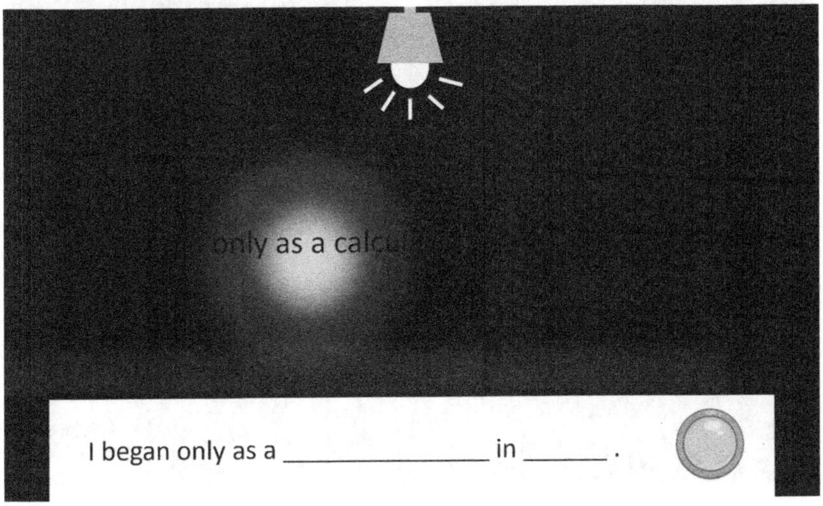

图 5.22

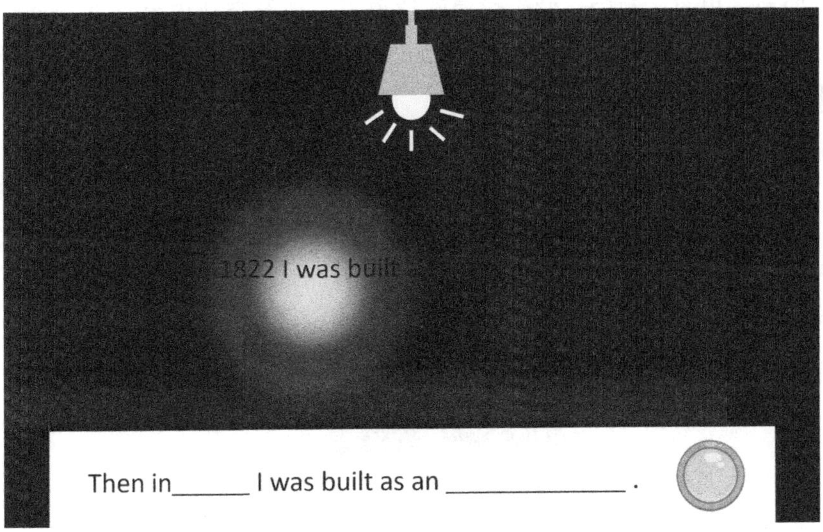

图 5.23

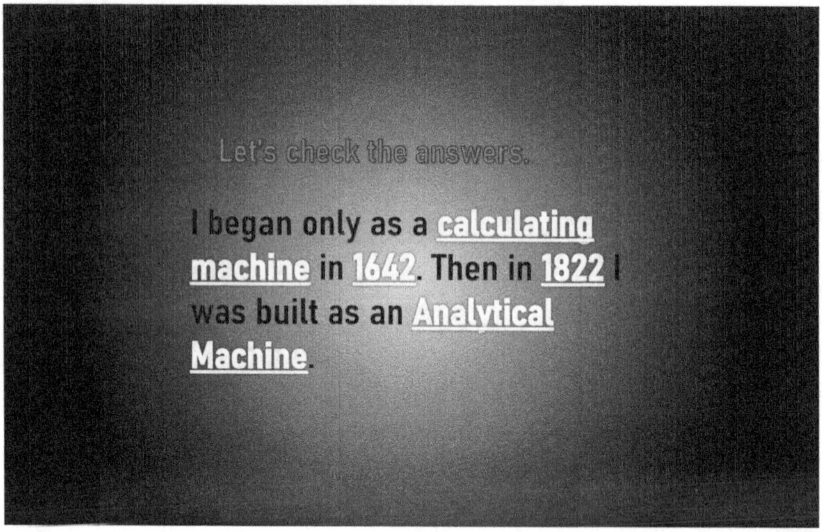

图 5.24

(1)教学目的：能够通过速读掌握语篇大意。

(2)教学内容：教师让学生快速阅读语篇，填补空缺内容："I began only as a calculating machine in 1642. Then in 1822 I was built as an Analytical Machine."并进行核对。

(3)课件说明：该游戏课件通过巧妙设置"亮灯"的环节，让学生通过按按钮的方式使句子闪现，并进行关键信息填空。最后由教师核对语篇内容的答案。教师需要设置"按钮"和"灯泡"，关联相关内容，设置关键内容挖空，引导学生回忆语篇内容。

5.2.6 游戏 6

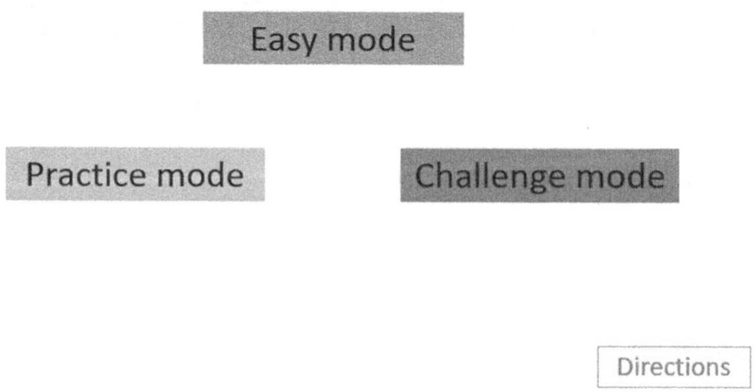

图 5.25

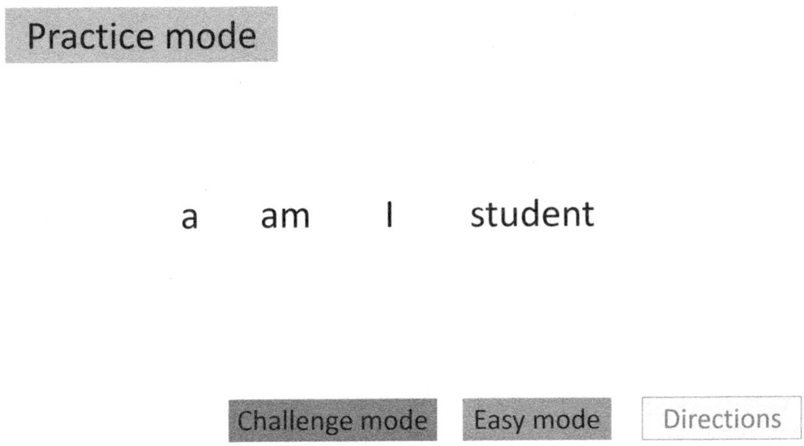

图 5.26

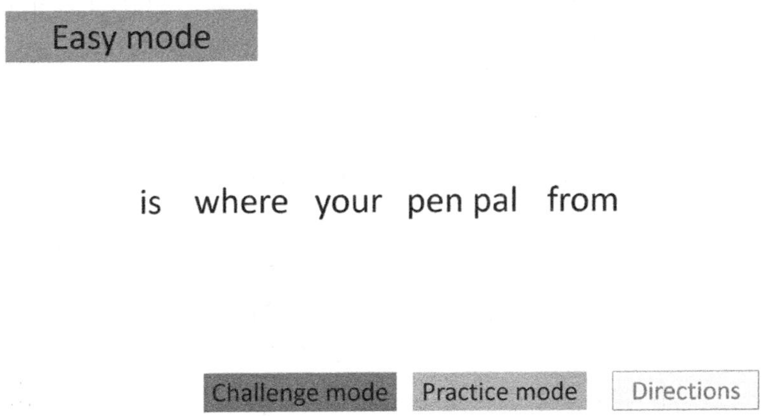

图 5.27

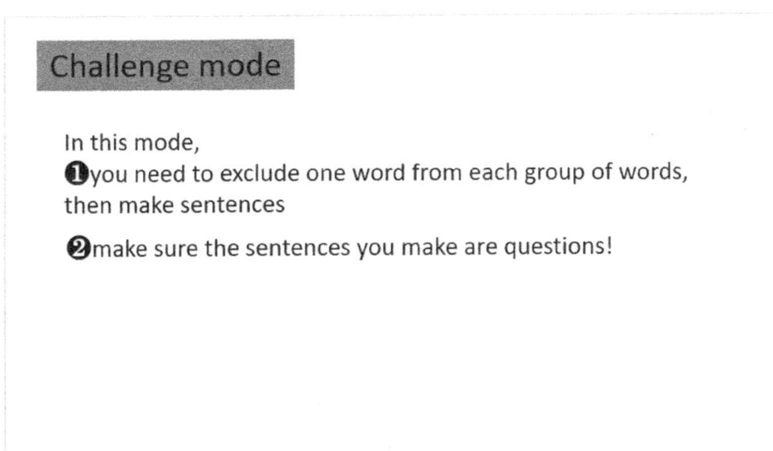

图 5.28

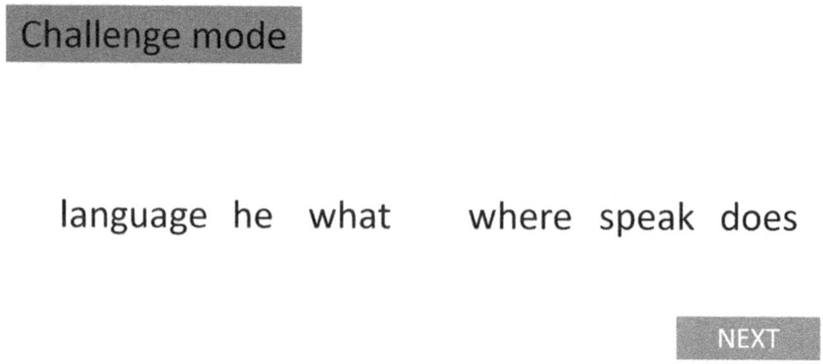

图 5.29

(1)教学目的：能够掌握一般疑问句和特殊疑问句的语法知识，提高学生的阅读理解能力。

(2)教学内容：教师让学生在第一个模式(practice mode)中重组句子：a，am，I，student；在第二个模式(easy mode)中重组句子为疑问句：is，where，your pen pal，from；在第三个模式(challenge mode)中摘除多余的单词并重组句子为疑问句：language，he，what，where，speak，does。

(3)课件说明：本课件的主要内容是基于工作记忆广度测试改编的练习，主要分为三个模式。第一个模式(practice mode)中，学生将进行模拟练习，屏幕上会闪现一组词串，词串为打乱顺序的一般陈述句，学生将使用工作记忆，对词串进行记忆加工，在规定时间内用正常语序说出句子。第二个模式(easy mode)中，有几组词串，词串包含一般疑问句和特殊疑问句。第三个模式(challenge mode)将在第二个模式的基础上，在每组词串中加入一个混淆词。本课件可用于课堂练习，也可让学生在课后进行自我练习。

5.3 理解类游戏

设计理念：

1. 读前激活背景知识：见 4.1。
2. 读中提供支架：见 4.1。
3. 读后强化理解：见 4.1。
4. 记忆检索规律：见 4.1。

5.3.1 游戏 1

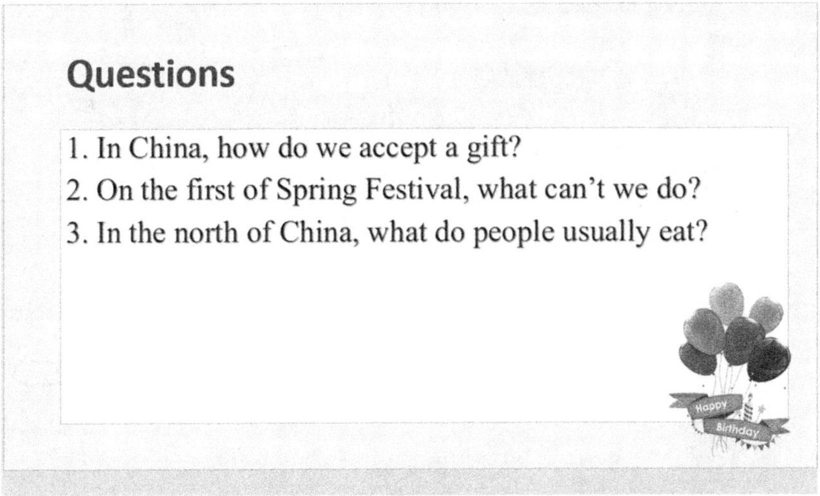

图 5.30

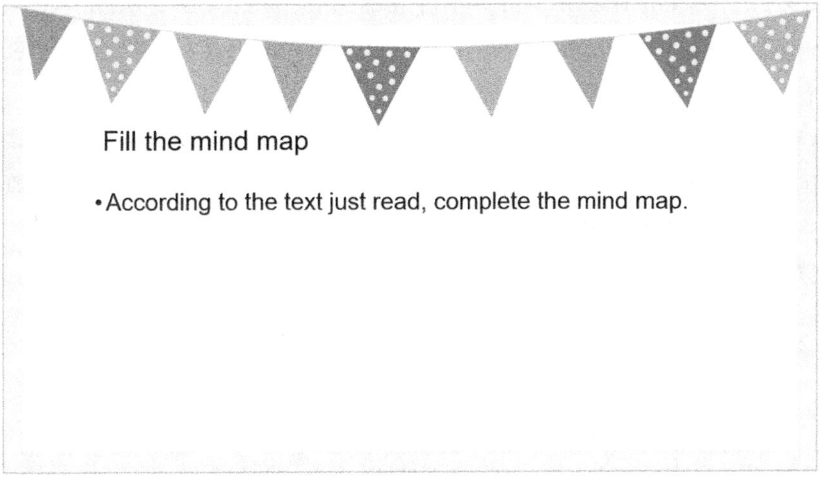

图 5.31

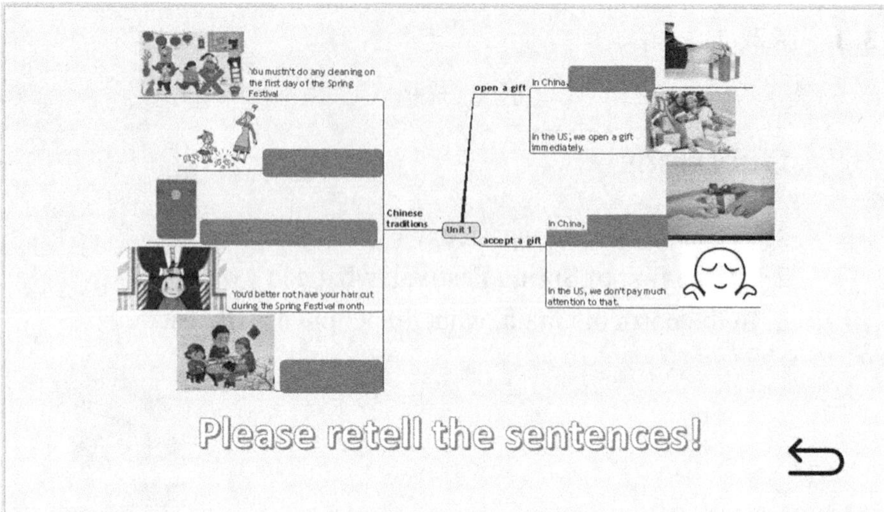

图 5.32

(1)教学目的：能够结合思维导图对语篇内容进行理解及记忆。

(2)教学内容：教师请学生限时阅读并回答问题：①In China，how do we accept a gift? ②On the first of Spring Festival，what can't we do? ③In the north of China，what do people usually eat? 并利用思维导图结合图片梳理语篇内容，请学生依据语篇内容填空。

(3)课件说明：教师需要提前梳理语篇内容，设置关键性问题，引导学生在头脑中复现语篇内容并结合思维导图进行填空。在语篇理解中，教师可以请学生自主构建思维导图，梳理文本逻辑关系，呈现文本要点。此外，教师也可以利用表格、网络关系图、流程图等图形对文本的知识结构进行组织。

5.3.2 游戏 2

Keep Healthy

(*Kangkang's father, Dr.Li,* is giving a talk about health to the students.)

You need to have healthy eating habits. Breakfast gives you enough energy for the morning. So don't go to school without it. Fruit and vegetables are good for your health, but fast food, like potato chips, will make you fat and unhealthy. So eat the right food to keep you healthy.

Playing sports can also help you keep fit. But sometimes accidents can happen, so try to stay safe when you play them. It's necessary for you to learn about first aid. Then you can help yourselves or others if an accident happens.

Trying to be happy is important for your health. It is the best medicine.When you are ill, try to be happy and you'll feel better. On the other hand, you may feel ill if you are always unhappy. So, be happy to be healthy.

You must stay away from smoking and drinking.Many students think it's cool to smoke and drink. But they don't know smoking or drinking can cause many illnesses. You should say no to smoking and drinking.

图 5.33

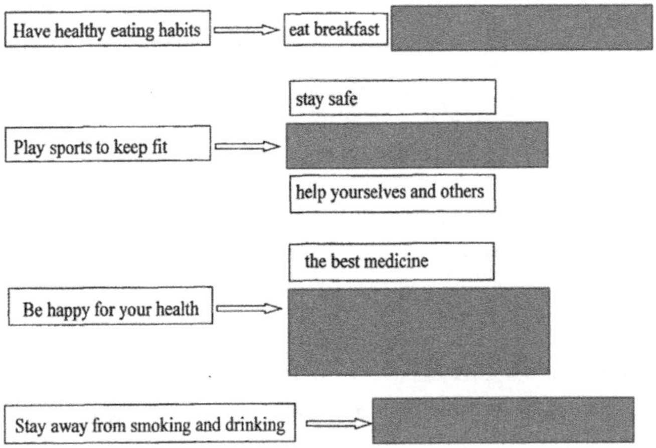

图 5.34

(1)教学目的：能够结合思维导图对语篇内容进行理解及记忆。

(2)教学内容：文章主要词串及文章结构。

(3)教学步骤：两人一组，给每位学生分配不同的文章。给学生打印好的文章及剪刀，请学生裁剪词串，并依据自己的理解整理词串，将其建成一个结构树，并与同组的同学解释自己的树形结构。

6. 快速阅读策略游戏

6.1 眼界拓展类游戏

设计理念：

1. 扩大视幅法。该方法是把一个句子分为若干部分(即几个意群)，它要求学生在阅读时眼球直观范围控制在每行文字的中间不动，着重扫描意群，同时捕捉意群中的重要单词或短语，寻求必要的语言信息。具体应用参考游戏 1。

2. 视觉符号加工。阅读过程中眼睛的运动方式将直接影响到脑的工作以及阅读效果，因此，教师可以引导学生从单纯的眼力扩辐运动逐步过渡到眼力加理解扩辐运动，并进行一定频率的训练，提高学生加工处理视角符号的速度。具体应用参考游戏 2 和游戏 3。

6.1.1 游戏 1

图 6.1

图 6.2

图 6.3

(1)教学目的：能够通过扩充字符练习拓展眼界，提升快速阅读能力。

(2)教学内容：教师引导学生通过扩充字符掌握句子的重要主干：writing desk→oak writing desk→French oak writing desk→…→a charming small round old brown French oak writing desk，逐渐拓展眼界。

(3)课件说明：该游戏课件为“眼界”拓展类游戏，变逐词阅读习惯为按照意义单位或者意群进行阅读，眼睛的运动变不间断移动为跳跃式，克服回视习惯等。教师需要设置语句的慢慢出现。此类游戏旨在帮助学生准确把握所读内容，提高学生快速阅读的能力和阅读理解能力。

6.1.2 游戏 2

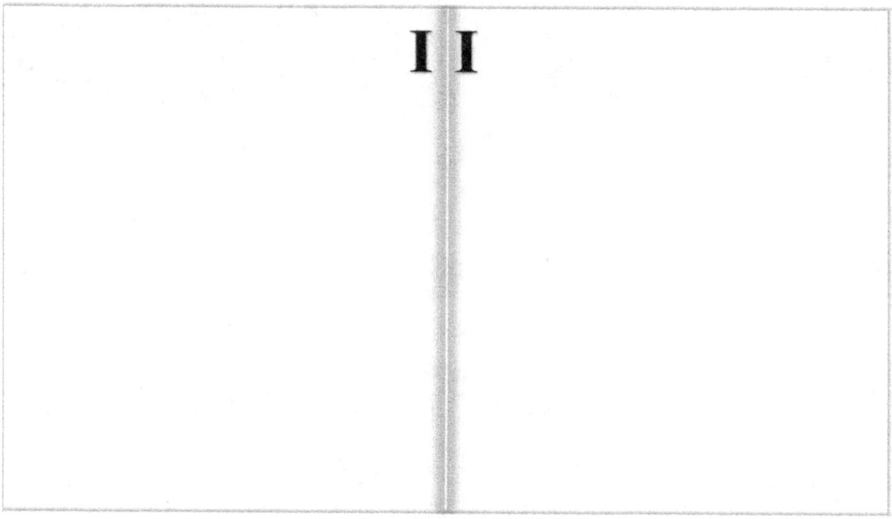

图 6.4

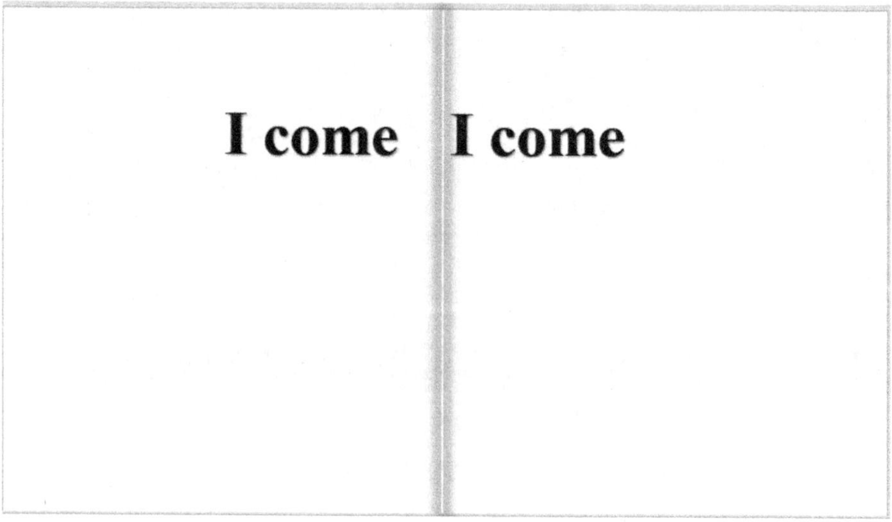

图 6.5

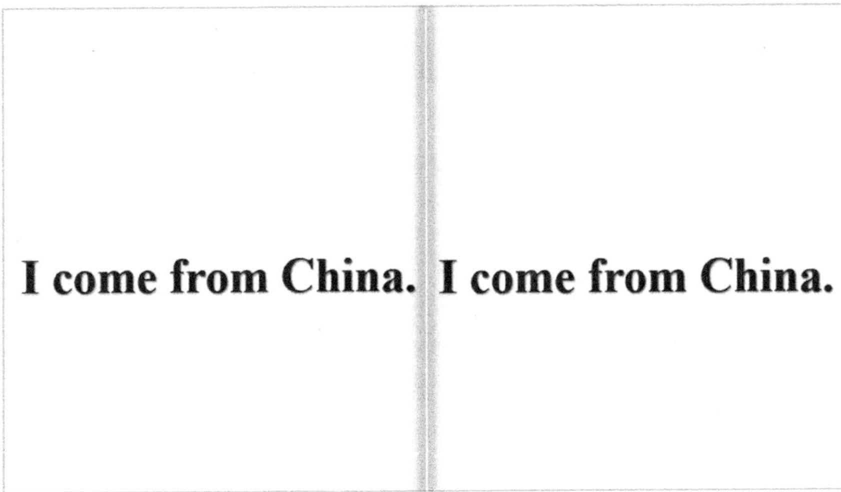

图 6.6

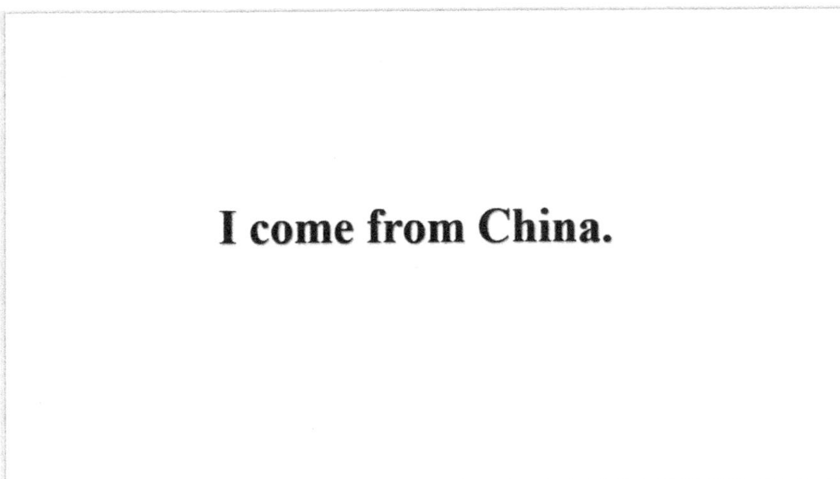

图 6.7

(1)教学目的：能够通过扩充字符练习拓展眼界，提升阅读速读。

(2)教学内容：教师引导学生通过扩充字符逐步记忆句子内容：I→I come→I come from→I come from China. 逐渐拓展眼界。

(3)课件说明：该游戏课件为“眼界”拓展类游戏，通过规定中间线，“强迫”学生将眼球集中到中间位置，并以一个单词为中心，尽可能掌握此单词周围单词信息。教师需要设置中间线，并逐词展示。此外，教师在刚开始训练时可以以单词为单位，但随着训练进度的深化，教师需要以短语句子为单位进行扩幅。教师需要在课件中设置语句慢慢出现，详情请参见课件 PPT 源文件 6.1。

6.1.3　游戏 3

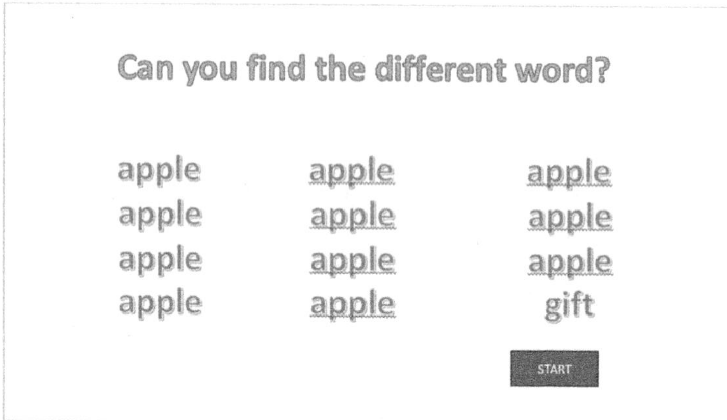

图 6.8

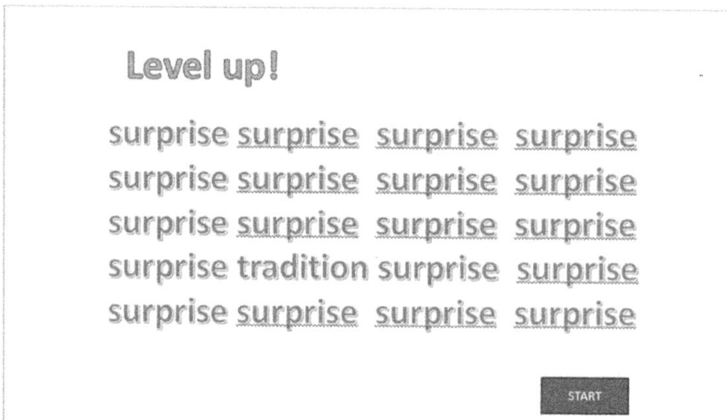

图 6.9

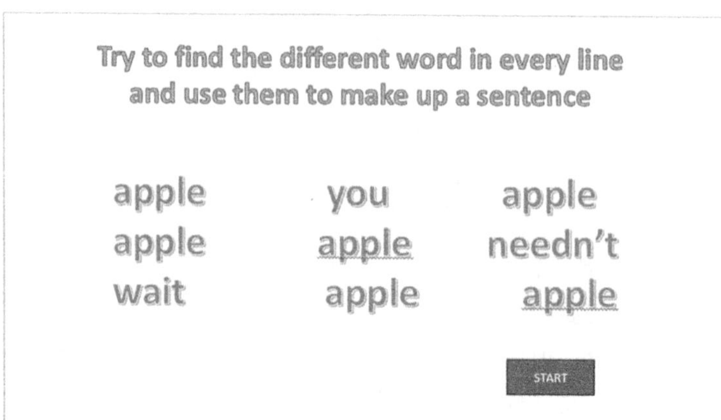

图 6.10

(1)教学目的：能够通过寻找每一行中不同的单词练习拓展眼界，提升阅读速度。

(2)教学内容：教师引导学生找不同，首先是找不同的单词(简单版)，然后升级为找较长的单词，再让学生找每行不同的单词构成一句话："You needn't wait."

(3)课件说明：该游戏课件为"眼界"拓展类游戏，通过找不同的单词，提升学生辨别正确信息的能力。教师需要设置难度逐渐递增的找不同的单词序列，引导学生逐步提升快速阅读能力。

6.2 眼动类游戏

设计理念：

1. 视读。成组的视读是快速阅读的要求之一，该方法要求学生把所读句子划分为意义较为完整的组群，尽可能减少目光停顿的次数，直接通过视觉将文字传入大脑转换成信息。具体应用参考游戏 1。

2. 有意注意。有意注意是信息有效加工处理的必要但非充分条件。通过逐渐"消失"的信息，能够引起学生的有意注意，也只有有意注意所引起的输入才能最终转化为长时记忆。因此，有意注意在二语习得中处于举足轻重的地位。具体应用参考游戏 1 和 2。

3. 略读词串法。略读是指学生通过快速默读进行思考和分析，是一种有效的快速阅读法，而阅读时视线快速扫视文字，抓关键短语或词串，掌握语篇的整体结构和主要内容，可以大大提升阅读速度。略读词串法，可以使学生在短时间内快速抓取信息，同时提高其归纳总结、提炼精华的能力。具体应用参考游戏 3、游戏 4、游戏 5。

6.2.1 游戏 1

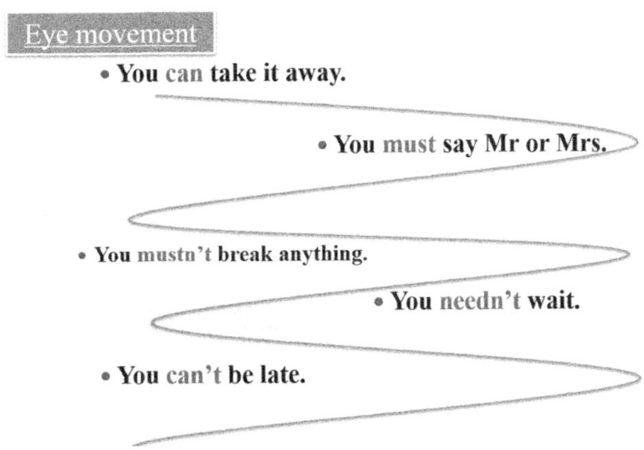

图 6.11

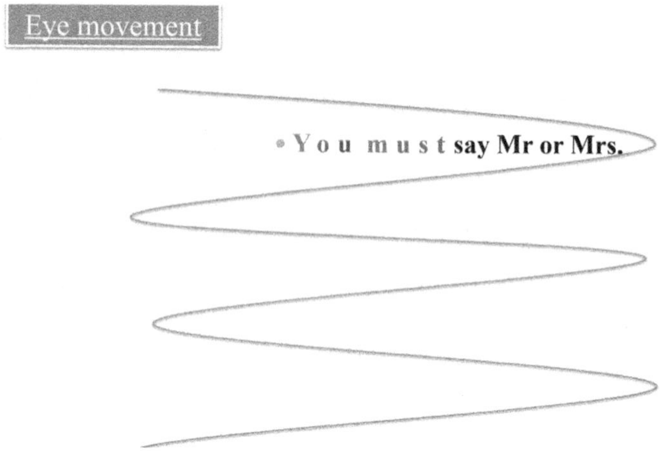

图 6.12

(1)教学目的：能够熟悉情态动词的用法，并通过眼动练习提升阅读速度。

(2)教学内容：教师引导学生通过“S 形”消失的眼动练习，快速掌握 5 个句子中情态动词的意义：“You can take it away. You must say Mr or Mrs. You mustn't break anything. You needn't wait. You can't be late.”

(3)课件说明：该游戏课件围绕“S 形曲线”从上到下依次呈现 5 个句子，没有回视机会。教师需要设置语句按照“S 形”消失的速度。通过一定速度的消失，引导学生完成快速阅读，掌握快速获取信息的能力。

6.2.2 游戏 2

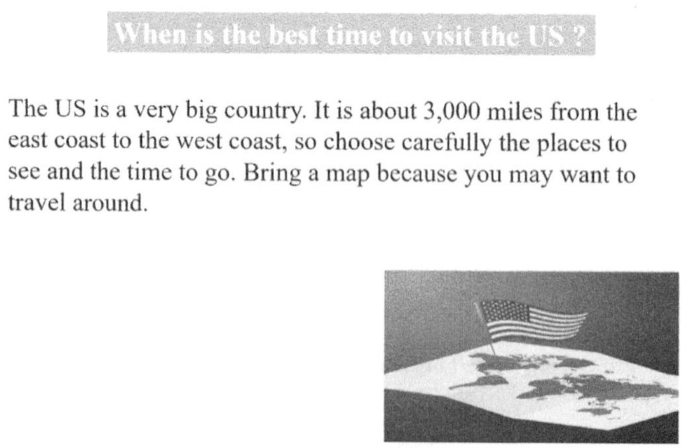

图 6.13

When is the best time to visit the US ?

New York and Washington DC are good places to visit in May or October, but in winter there is a lot of snow.

图 6.14

When is the best time to visit the US ?

The best time to visit New England is in September. The weather gets cooler, and the green leaves start to turn gold, then brown. Bring your camera so you can take photos of the autumn trees.

图 6.15

When is the best time to visit the US ?

California is on the Pacific coast, and the weather is fine all year round. Take your swimming clothes because you might want to go swimming in the sea, even in December.

图 6.16

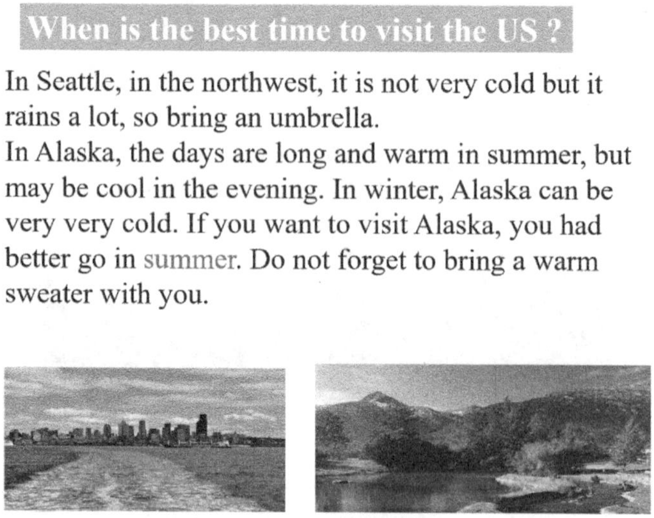

图 6.17

(1)教学目的：能够快速阅读文章，抓取关键信息。

(2)教学内容：教师引导学生通过图片和文字消失的眼动练习，快速阅读语篇，并回答："When is the best time to visit the US?"

(3)课件说明：该游戏课件包含 1 个问题和 5 段信息(文字和图片)，并对内容呈现方式进行了设置：边移动边消失。该游戏要求学生注意力高度集中，并对内容进行关键词串抓取以回答问题。教师需要设置同语篇对应的图片，并设置语篇和图片一起消失的速度。

6.2.3 游戏 3

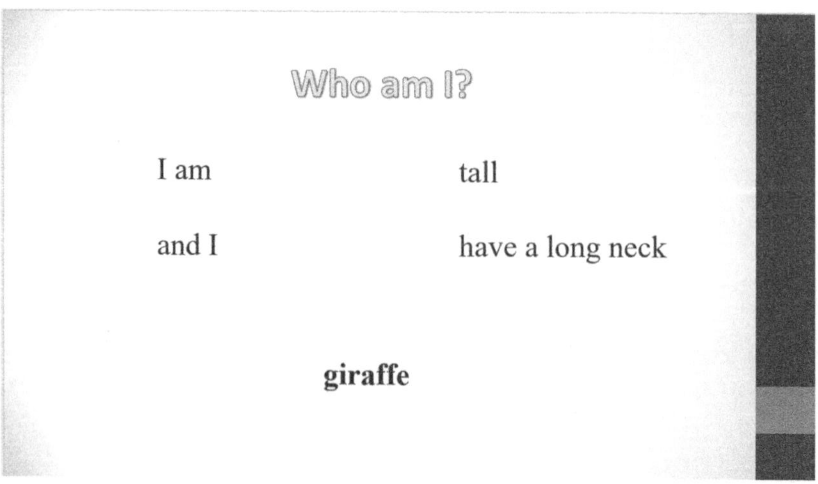

图 6.18

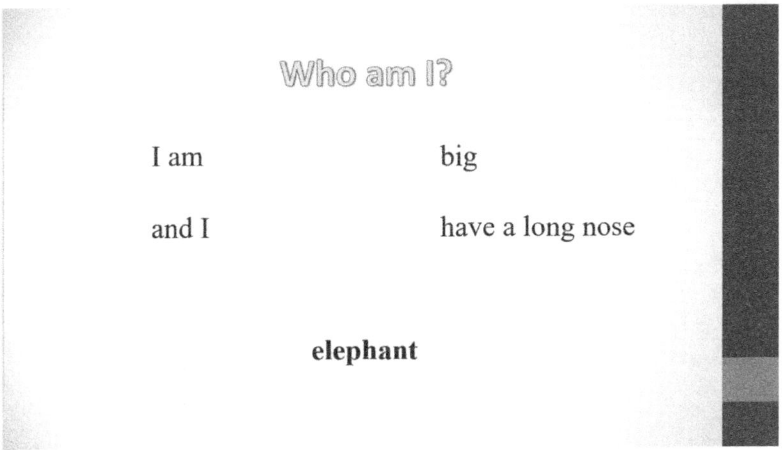

图 6.19

(1)教学目的：能够快速抓取信息，并通过信息进行推断。

(2)教学内容：教师引导学生通过快速闪现的关键词、短语：I am，tall，and I，have a long neck；I am，big，and I，have a long nose，推断出两个动物为 giraffe 和 elephant。

(3)课件说明：该游戏课件通过在显示区域频闪文字内容，引导学生抓住其关键点进行身份猜测。教师需要设置该猜测对象的关键信息及其闪现的位置和速度。通过一定速度的消失，教师引导学生完成快速阅读，掌握快速获取信息的能力。通过此模式的反复练习，学生会在阅读中不自觉地加快文字处理，直接将眼睛看到的文字符号传到大脑，发挥图式功效，从而克服不良阅读习惯，提高快速阅读、理解内容的能力。

6.2.4 游戏 4

图 6.20

图 6. 21

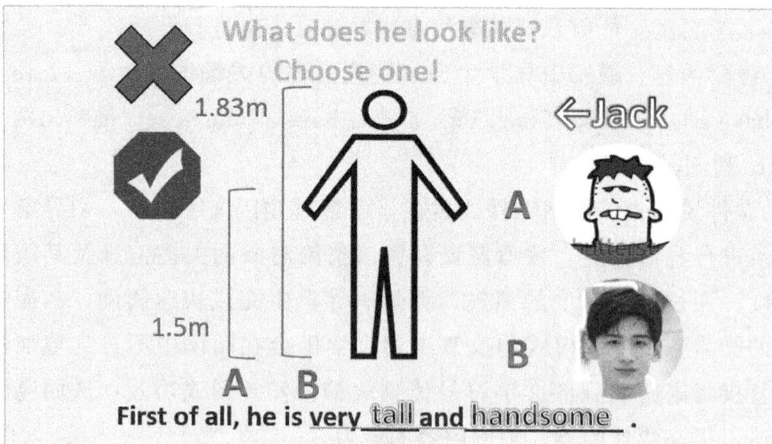

图 6. 22

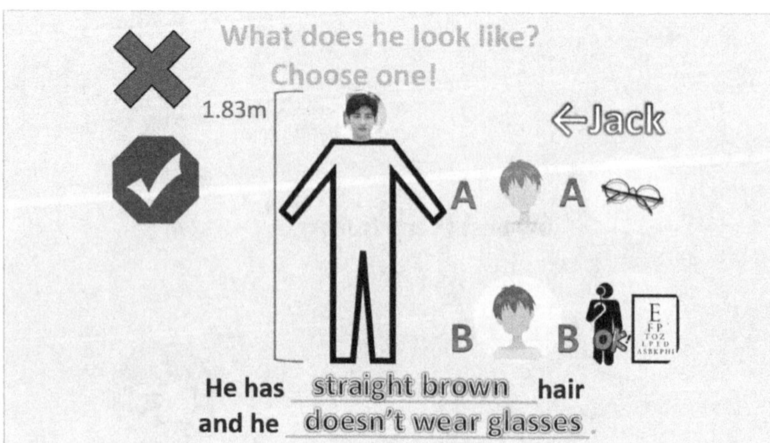

图 6. 23

图 6.24

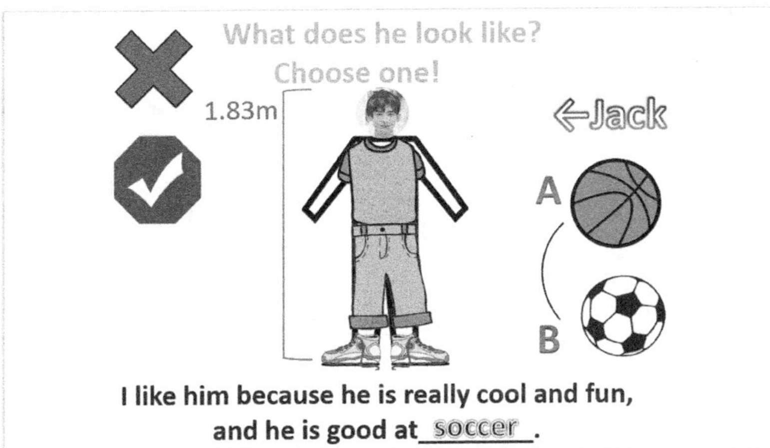

图 6.25

Let's check answer!

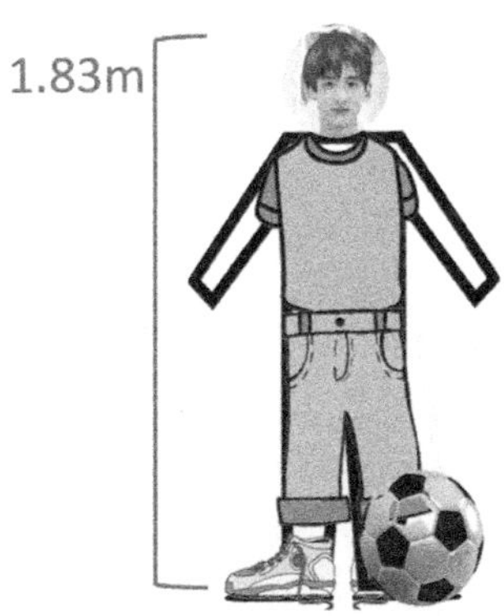

- My best friend is Jack. Let me tell you what he looks like. First of all, he is very **tall and handsome.** He has **straight brown hair** and he **doesn't wear glasses.** He usually wear **jeans, a T-shirt and sports shoes.** I like him because he is really cool and fun, and he is good at **soccer.**

图 6.26

(1)教学目的：能够快速抓取信息，并准确记忆。

(2)教学内容：教师引导学生记住不定向快速闪现的句子："My best friend is Jack. Let me tell you what he looks like. First of all, he is very tall and handsome. He has straight brown hair and he doesn't wear glasses. He usually wear jeans, a T-shirt and sports shoes. I like him because he is really cool and fun, and he is good at soccer."然后结合图片填空，引导学生复现语篇的主要内容：外貌、衣着和兴趣。

(3)课件说明：该游戏课件将语篇拆解为单句，让单句从不同方向出现在在显示区域内，引导学生快速记忆关键信息。教师需要设置单句的变化速度和方向，设置与文字匹配的图像和应答方式。通过分解语篇、不定向移动快速呈现语篇内容，提升学生的眼动速度和阅读理解能力。

6.2.5 游戏 5

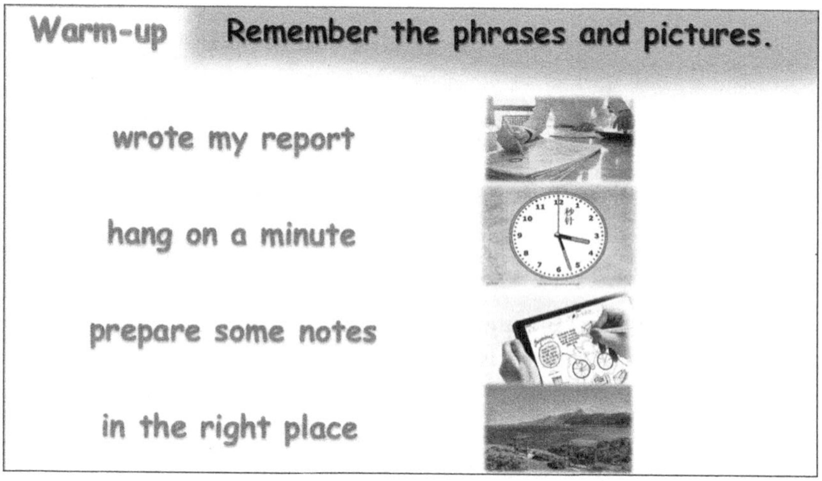

图 6.27

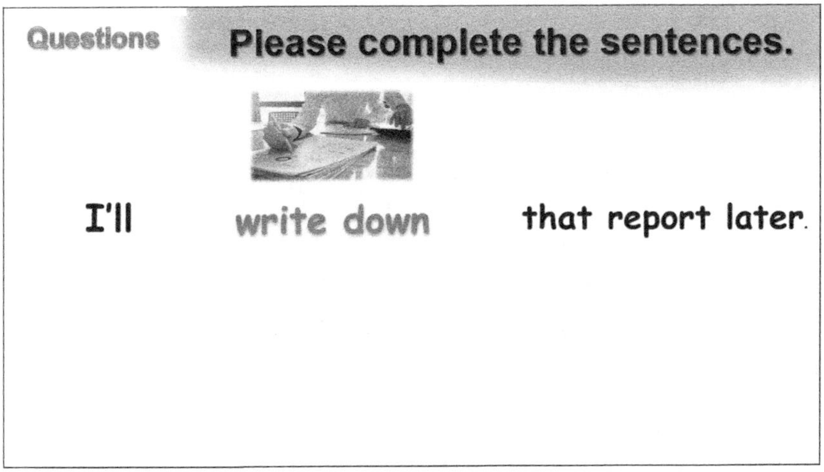

图 6. 28

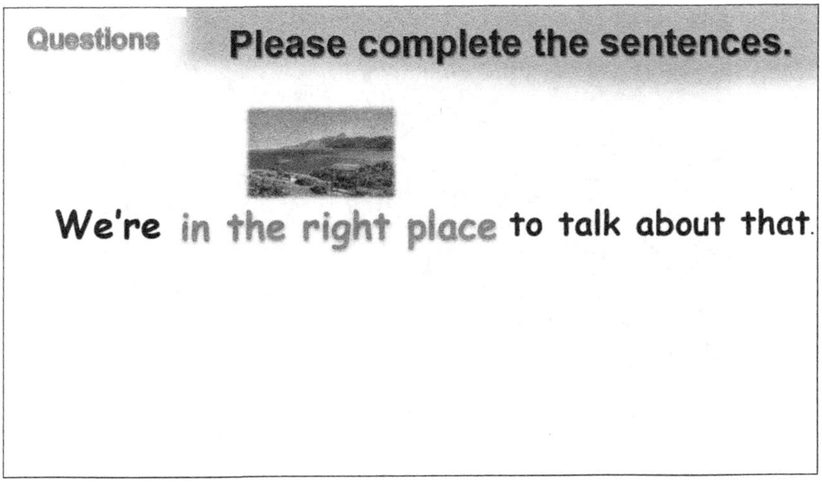

图 6. 29

(1)教学目的：能够快速抓取信息，并准确记忆文字和图片。

(2)教学内容：教师引导学生记住不定向快速闪现的句子："wrote my report, hang on a minute, prepare some notes, in the right place"，然后结合图片填空，引导学生填空补充句子。

(3)课件说明：该游戏课件将短语同图片结合，一一闪现在显示区域内，引导学生快速记忆关键信息，并根据所给图片提示填补句子。教师需要设置短语和图片闪现的速度和顺序。通过文字和图片匹配结合闪现，一方面增强学生的记忆，另一方面有利于提升学生的阅读速度。

6.3 眼睛定点移动及扩大视幅训练

设计理念：

1. 视觉注意。视觉注意就是对视觉信息和相关心理过程的选择。在阅读时，学生可以将其思维注意转移到视野范围内的周边区域而无须转动眼球。具体实施参考游戏 1、游戏 2、游戏 3、游戏 4。

2. 寻读。寻读又叫扫描式阅读，其目的在于寻找某一特定的信息或资料，通常用于查找某个单词、短语、数字或者文章片段。在语篇阅读中，学生通过快速扫视，寻找关键信息并完成题目。具体实施参考游戏 1、游戏 2、游戏 3、游戏 4。

6.3.1 游戏 1

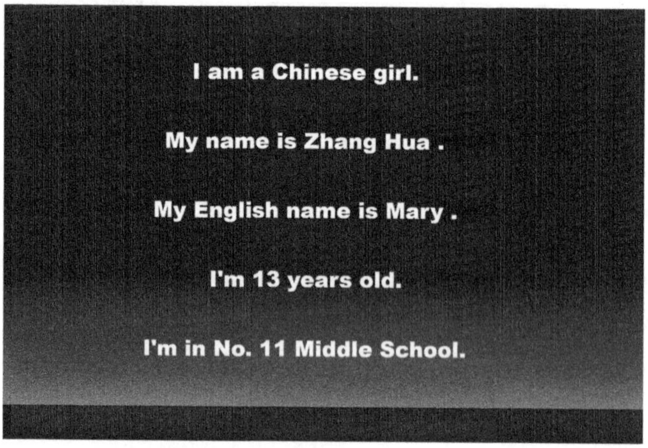

图 6.30

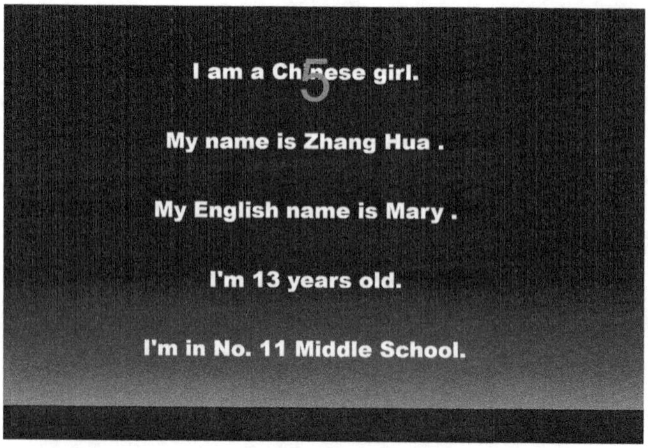

图 6.31

图 6.32

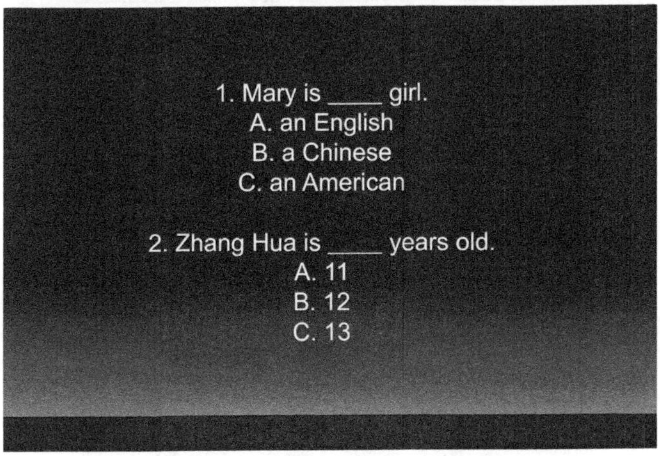

图 6.33

(1)教学目的：能够快速阅读并抓取准确信息。

(2)教学内容：教师引导学生通过快速闪现的数字聚焦每个数字对应的内容："5-I am a Chinese girl. 4-My name is Zhang Hua. 3-My English name is Mary. 2-I'm 13 years old. 1-I'm in No. 11 Middle School."并回答两个问题。

(3)课件说明：该游戏课件设置了 5 个区域，并在不同区域用数字标注进行内容的限时显示活动。教师需要设置 5 个数字的闪现速度，并通过该语篇内容设置问题，引导学生进行回忆。阅读时需要学生高度集中精力，迅速捕捉核心词串。

6.3.2 游戏 2

图 6.34

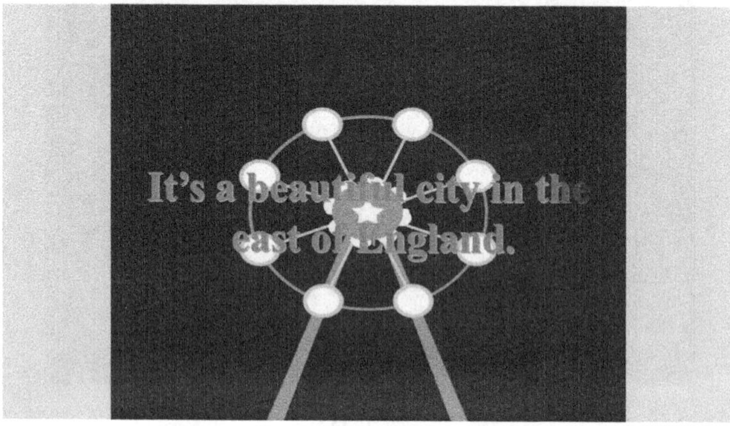

图 6.35

图 6.36

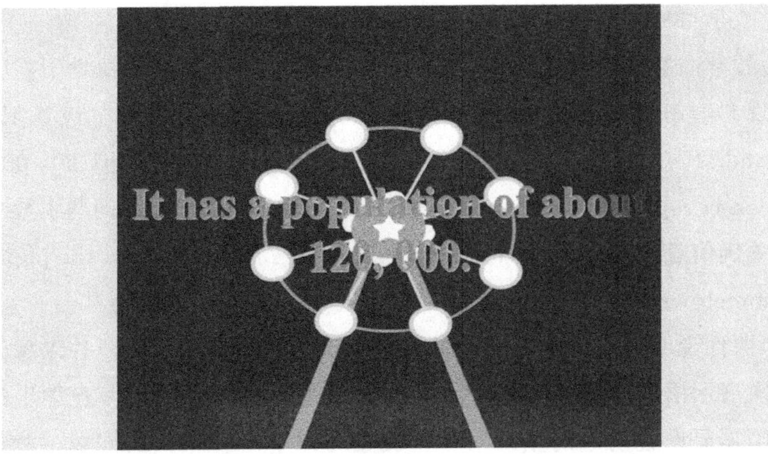

图 6.37

图 6.38

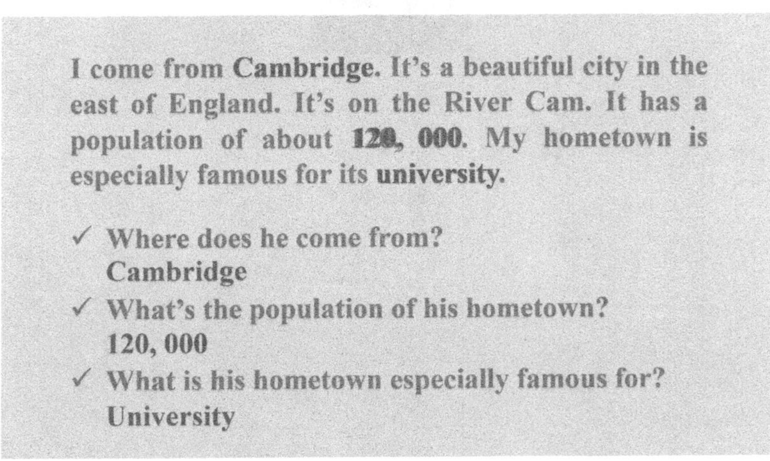

图 6.39

(1)教学目的：能够排除干扰聚焦句子，准确抓取信息。

(2)教学内容：教师引导学生排除正在转动的摩天轮这一视觉干扰，依次限时展现5个句子："I come from Cambridge. It's a beautiful city in the east of England. It's on the River Cam. It has a population of about 120，000. My hometown is especially famous for its university."并提出3个问题引导学生对语篇的关键信息进行回忆："Where does he come from? What's the population of his hometown? What is his hometown especially famous for?"

(3)课件说明：该游戏课件设置了一个动态转动的摩天轮，并以摩天轮为背景依次展示语篇中的5个句子，并根据语篇提出3个问题考查学生的记忆力。教师需要设置动态的干扰对象，设置与语篇内容相关的问题。此外，参与该游戏的学生需要一定意志努力的注意才能抵抗后面转动的摩天轮的干扰。通过一定频率的此类联系，学生可以在之后的阅读训练中抵抗住其他的视觉干扰。此外，教师也可以设置声音等听觉干扰，增强学生的学习自觉性和意志。

6.3.3 游戏3

图6.40

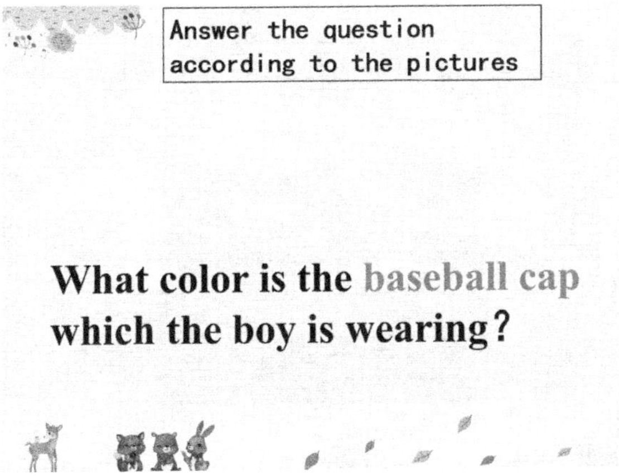

图 6.41

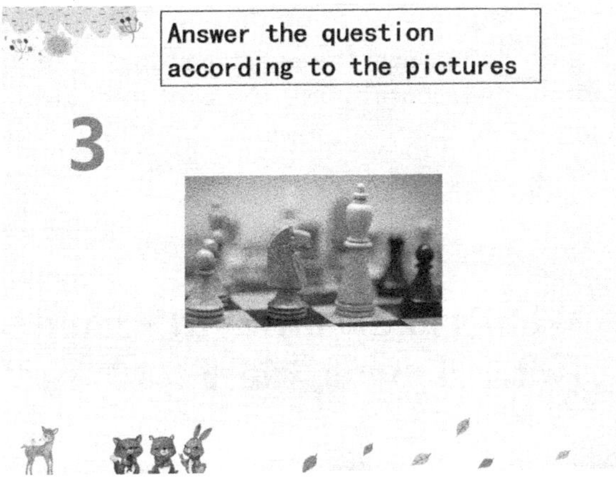

图 6.42

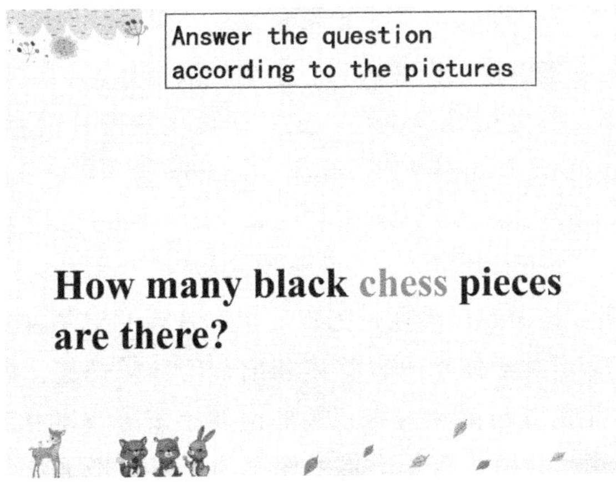

图 6.43

图 6.44

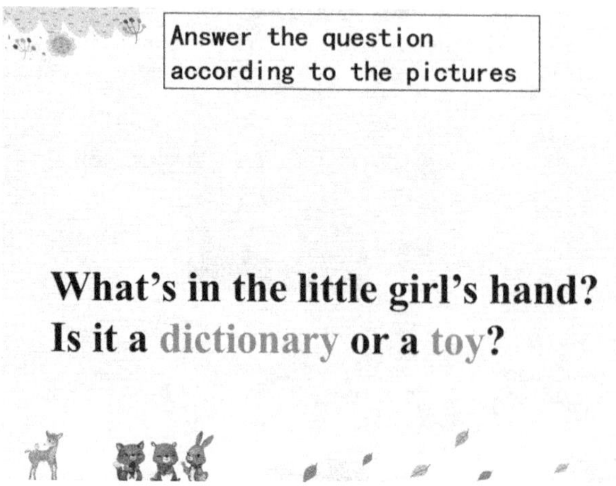

图 6.45

(1)教学目的：能够聚焦图片内容，准确抓取信息。

(2)教学内容：教师引导学生在一定时间内聚焦图片内容，并回答问题：①What color is the baseball cap which the boy is wearing? ②How many black chess pieces are there? ③What's in the little girl's hand? Is it a dictionary or a toy?

(3)课件说明：该游戏课件通过闪现 3 组图片，并对图片的某个关键信息进行提问，增强学生对于信息内容整体和细节的双重把握。教师需要设置信息丰富的图片，并设置与图片内容相关的问题。该游戏富有趣味性，适合活泼好动的低年级学生。通过色彩丰富的图画内容可以增强学生对于英语学习的积极性。此外教师也可以设置声音片段，丰富教学内容。

7. 思维发展游戏

7.1　专注力游戏

设计理念：

1. 舒尔特表培养专注力。舒尔特表可以通过动态的练习锻炼视神经末梢。心理学上用此表来研究和发展心理感知的速度，其中包括视觉定向搜索运动的速度。培养注意力集中、分配、控制能力，拓展视幅加快视频提高视觉的稳定性、辨别力、定向搜索能力。舒尔特表是在一张方形卡片上画上 1 cm×1 cm 的 25 个方格。格子内任意填写上英文字母。例如游戏 1，训练时，要求被测者集中注意力用手指按字母 A-Y 的顺序依次指出其位置，同时诵读出声。点击表格字母 A，计时开始，施测者一旁记录所用时间。数完全部字母所用时间越短，注意力水平越高。

2. 记忆检索规律。一闪而过的图片会留给学生短暂的视觉印象，进而激发大脑的快速反应，检索到对应单词，这个过程不仅能很好地促进学生思维能力的发展，而且会达到较好的单词复习效果。具体应用可参照游戏 3。

7.1.1　游戏 1

A	Q	B	K	C
F	W	J	U	O
D	V	T	Y	M
N	G	L	I	P
H	E	S	X	R

图 7.1

(1)教学目的：

①认识、辨别26个英文字母，并掌握其顺序。

②培养学生注意力的集中、分配与控制能力，以及辨别力、定向搜索能力。

(2)教学内容：通过舒尔特表来认识、学习并朗读26个英文字母，同时也可培养学生思维能力的发展，训练注意力。

(3)课件说明：

①课件描述：舒尔特字母表为舒尔特表的变体，即在一张方形卡片上画25个1 cm×1 cm的方格，格子内任意填写上英文字母。或者在课件中制作一个5×5的表格，每一个格子内任意填写上英文字母。

②课件使用方法：授课时，教师将舒尔特字母表展示给学生，学生需要集中注意力，眼睛盯在图片中间，即字母T的位置，同时用手指按字母A-Y的顺序依次指出其位置，同时诵读出声。

7.1.2　游戏2

(1)教学目的：

①通过舒尔特表学习新单词或复习旧单词，掌握单词的正确发音及拼写。

②提高学生注意力的集中水平，达到高效的记忆效果。

(2)教学内容：学习新单词或复习旧单词。

(3)课件说明：

①课件描述：本游戏是游戏1(图7.1)的拓展，这里不是按照字母顺序依次指读字母，而是指读一个规定单词。

②课件使用方法：授课时，教师将舒尔特字母表展示给学生，并规定被测单词，比如被测单词是"happy"，眼球停在T的位置，同时需要在舒尔特表上依次指出字母"h、a、p、p、y"的位置，并朗读出声。

③活动拓展/变体：本游戏的变体为图7.2所示的扫雷游戏，也可设计成横纵字谜。游戏过程中，学生需要依次点击或圈出自己的答案(正确单词)。

④游戏难度也可升级，如图7.3所示，将舒尔特表中的字母换为单词，学生需要依据一定的知识基础，经过思考，按照一定的逻辑依次挑选单词，确保最后形成的词串是正确的句子。

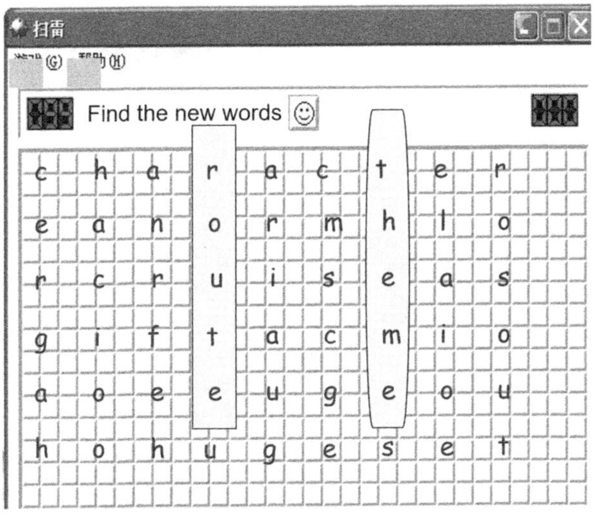

图 7.2

Excuse	me	yes
handbag	your	this
is	yes	It is

图 7.3

7.1.3 游戏 3

Task 1

You have three seconds to prepare. After the time is up, a picture will flash in very quickly. You need to remember it and tell the word later.

图 7.4

图 7.5

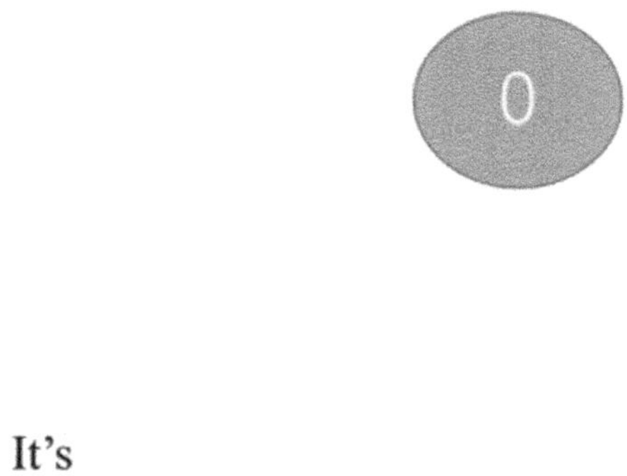

图 7.6

图 7.7

(1)教学目的：

①通过闪词的方式进行单词的学习或复习，并能口头表达简单句子，进行简单交流。

②通过探究、体验、合作等途径，使学生参与其中，乐于学习。

③提高学生注意力的集中水平，达到高效的记忆效果。

(2)教学内容：通过闪词的方式学习或复习单词。

(3)课件说明：

①课件描述：本游戏是通过闪词的方式来引起学生的注意，只有认真仔细地观看一闪而过的图片，快速检索单词，才能顺利回答问题。

②课件使用方法：授课时，教师需组织好课堂，按照步骤来引导学生进行猜词。首先，教师将学生分组，讲解该游戏过程。接着开始游戏，教师点击倒计时 3 秒的动画，提醒学生集中注意力观看 PPT，3 秒后出现一闪而过的图片，这时教师进行提问，小组竞赛回答问题，答对积一分。最后，得分高的小组获胜。

③课件制作：首先，制作一个倒计时动画，绘制 4 个相同大小的圆圈(也可以是其他图形)，分别写“0、1、2、3”四个数字并用不同的颜色进行填充，把四个圆圈堆放在一起添加相同的动画效果，设置成播放后隐藏。其次，插入图片，动画效果设置成闪现。最后，复制之前的图片，动画效果设置成点击鼠标出现，位置放在闪现图片之后。另外，添加第一个写有“It’s”的文本框，无效果始终出现在 PPT 上，第二个写有答案(标红)的文本框设置动画效果，放置在最后，如图“a tree”。

④活动拓展/变体：本游戏也可以通过其他方式进行。例如，教师提前准备好单词卡，课堂上教师直接进行单词卡的闪现，比 PPT 更加快捷。

7.1.4 游戏 4

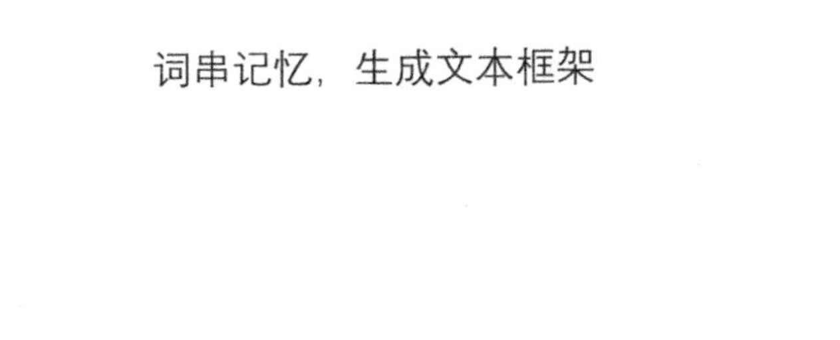

图 7.8

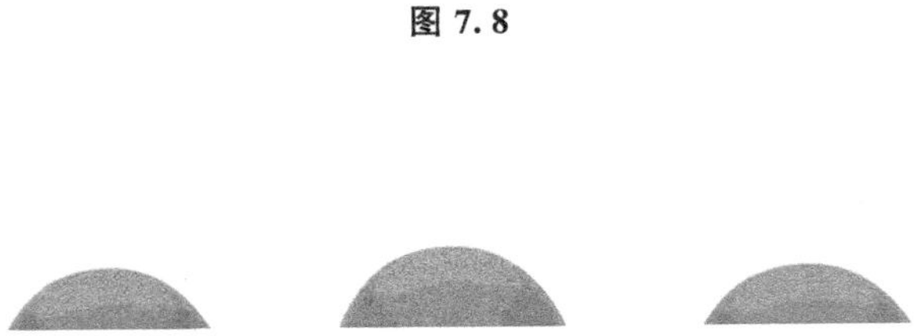

图 7.9

图 7.10

图 7.11

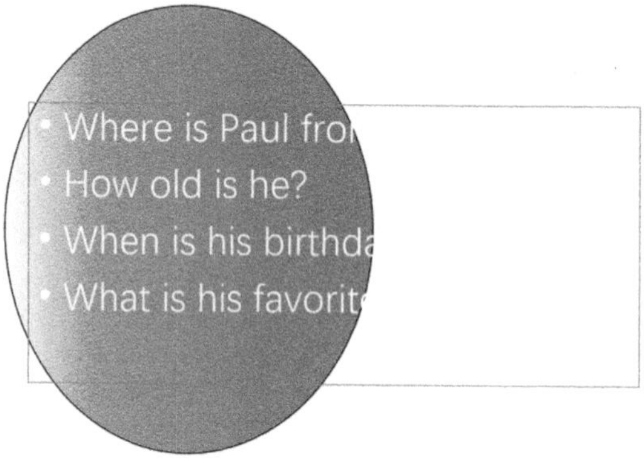

图 7.12

图 7.13

(1)教学目的：

①通过句子由下而上的移动，要求学生集中注意力观察，训练学生注意力的集中程度，以及短时记忆能力。

②训练阅读速度。

(2)教学内容：课文选段的快速阅读学习。

(3)课件说明：

①课件描述：本游戏通过句子的移动来训练学生的快速阅读能力，只有认真仔细且快速地观看，才能顺利回答后面的问题。

②课件使用方法：教师需组织好课堂，按照步骤来呈现句子。选段完全呈现后，以同样的方式阅读问题。随后，学生有 2 分钟时间思考，可随机记下笔记，供后面检索信息使用。思考时间结束后，教师邀请学生回答问题，判断答案正确与否。游戏结束后，教师需要对游戏过程做出评价反馈，激励学生再接再厉。

③活动拓展/变体：本游戏也可以通过听力的方式进行，将移动的句子换成话语，游戏 4 是考查视力的集中，拓展活动则是考查听力的集中，即学生需要听完录音朗读以及问题后做出回答。

7.2　预测力游戏

设计理念：

1. 记忆检索规律。基于学生已有的词汇，通过发散思维来逐步确定正确单词，不仅可以帮助他们迅速激活、检索词库里已有的单词，达到较好的复习效果，还可学习一些新词汇，补充现有的词汇库。具体应用请参照游戏 1 和游戏 2。

2. 上下文加工策略。“上下文”有三个水平：语言、语境和文化。语言是文章本身的结构和逻辑关系，语境是特殊的语言情景以及文章所包含的事件与人，文化是指文章相关的文化和社会背景。如果没有上下文，文章就很难被理解，记忆单词也是一样。在词汇教学中，我们需要鼓励学习者借助上下文猜测词义或句义。当然，学习者不应只了解单词的读音、拼写和结构，还应当了解单词的文化内涵，强化学习者的理解。具体应用请参照游戏 3。

7.2.1　游戏 1

(1)教学目的：复习单词

(2)课件说明：

①课件描述：本游戏中学生通过最少的线索，即一部分图片猜测答案。

②课件使用方法：游戏 1(图 7.16)是请学生分成两组猜单词，每组依次选择点击一个小格子，之后会显示整个图片的一部分，图片可能包含多个元素，最先答出正确答案的一组同学获胜。

图 7.14

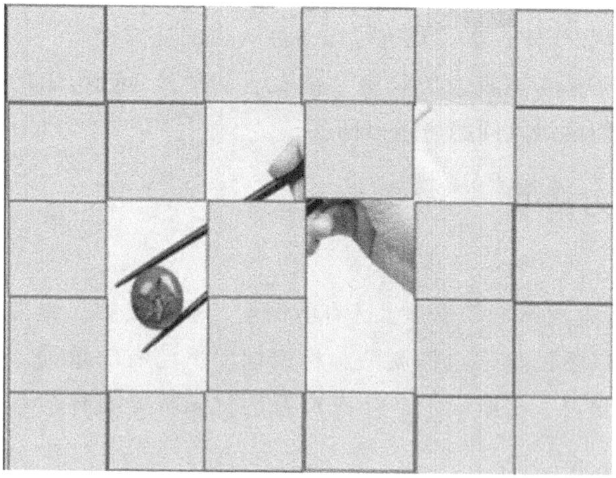

图 7.15

图 7.16

7.2.2 游戏 2

bird bumblebee beaver

mouse snail ant

图 7.17

RIVET

1._ _ _ _ _ _ _ _ _
2._ _ _ _
3._ _ _
4._ _ _ _ _ _
5._ _ _ _ _
6._ _ _ _ _

图 7.18

RIVET

1.b u _ _ _ _ _ _ _
2._ _ _ _
3._ _ _
4._ _ _ _ _ _
5._ _ _ _ _
6._ _ _ _ _

图 7.19

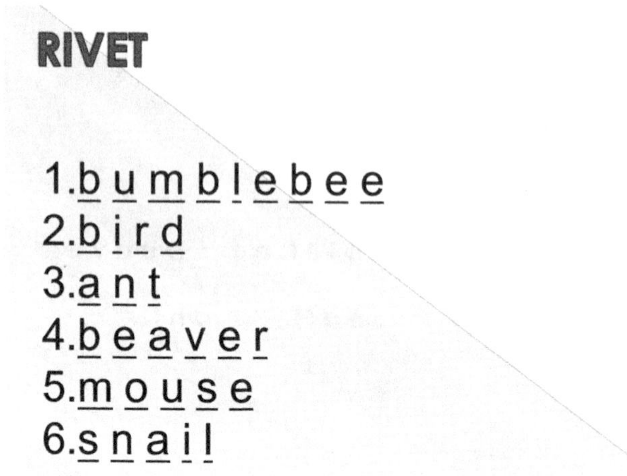

图 7.20

(1)教学目的：

①通过猜词方式掌握所学词汇。

②培养学生的猜测能力。

(2)课件说明：

①课件描述：本游戏是通过单词字母的顺序呈现来猜测单词。

②课件使用方法：教师需要提前确定好被测单词，用下画线表示该单词的字母个数，从首字母开始，学生们需要从 26 个英文字母中一个一个来猜，根据猜出的字母，先说出正确答案单词的学生获胜。

③活动拓展/变体：该游戏也可以不用多媒体，教师可直接在黑板上画出对应字母数量的横线来展开游戏。

7.3　比较力训练游戏

设计理念：

1. 组织策略。组织策略是指整合所学新知识之间、新旧知识之间的内在联系，形成新的知识结构。

2. 学习迁移。学习迁移是一种学习对另一种学习的影响，即将学得的经验有变化地运用于另一情境。格式塔心理学家认为学习迁移的原因是由于二者相似的功能所致，也就是由于对整个情境中各部分的关系或目的与手段之间的关系的领悟。具体应用请参照游戏 1。

7.3.1 游戏 1

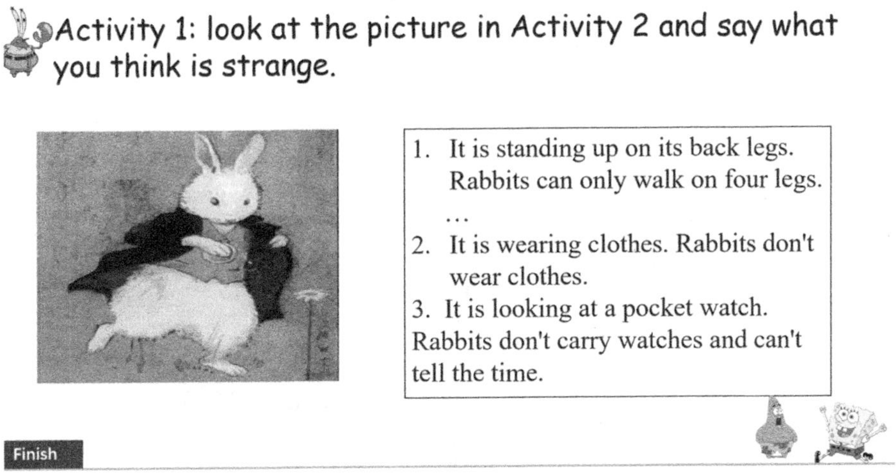

图 7.21

(1)教学目的：

①能阅读文本，并抓住其核心要点。

②能将图片与文字进行比对，判断出错误的线索。

③能对找出的错误进行改正，即改错能力训练。

(2)教学内容：对比判断力、思维能力以及口语表达能力的训练。

(3)课件说明：

①课件描述：本游戏适合学生个人进行探索，观察左边的图片与右边的文字描述是否相匹配。

②课件使用方法：游戏过程需要学生观察左边图片，接着阅读右边文字，思考右边文字是否奇怪，即是否与左边图片相匹配。

7.3.2 游戏 2

(1)教学目的：

①能快速阅读文本，并抓住其核心要点进行归纳分析。

②能根据一定逻辑(主要是对比分析)绘制或完成不完整的思维导图。

(2)教学内容：快速阅读文本，对文本内容进行对比分析并绘制思维导图。

(3)课件说明：

①课件描述：本游戏适用于阅读教学过程，通过对材料文本的阅读，绘

制或完成思维导图。

②课件使用方法：首先教师将学生分组，然后，教师向学生展示材料文本，学生以小组为单位进行阅读，根据文本内容进行对比分析，归纳其逻辑结构，绘制或完成思维导图，最后将学生绘制的思维导图进行展示。

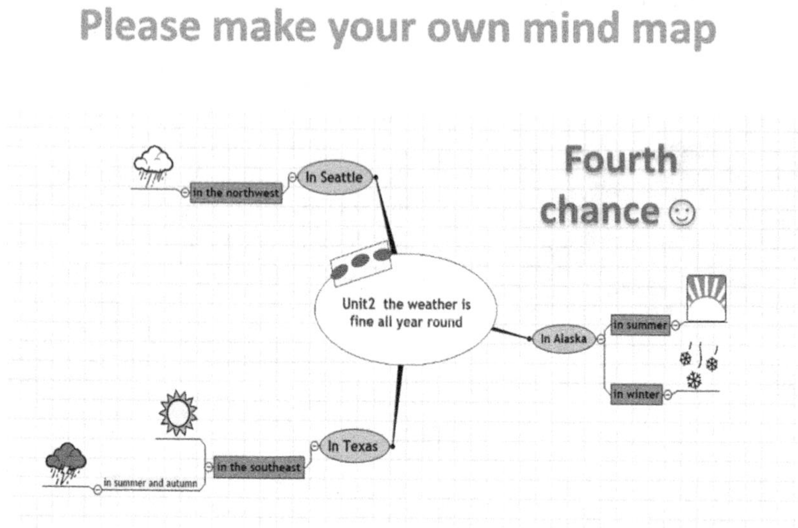

图 7.22

8. 口语及笔语产出游戏

8.1　结构式产出游戏

设计理念：

1. 情景教学。教师在课堂中模拟具体的交际情境，通过讲解—练习—点评的方式，加深学生的理解和记忆。随着课程内容的深入，逐渐出现语法现象。如游戏1(图8.1—图8.3)中教师通过图片呈现语境，如“If I don't go to the movies”，在此基础上“If I work hard，I will get an A in the exam”，一直到最后的“I will be confident”这样一个连续的语境把语法现象和具体生活的情境联系起来，这种深层的加工有利于加深学生的理解和记忆。

2. 演绎与归纳相结合。在演绎教学中，教师首先直接讲解语法规则并举例说明，然后让学生进行各种替换练习、句子练习等训练。这种教学方式讲解清楚，易于理解，比较适合有一定学习基础的学生。但是在这种方式下，学生对教师的依赖性比较强，学到的语言知识也容易遗忘。因此，在演绎教学法的基础上适当结合归纳法，可以很好地加深学生的记忆。具体应用请参照游戏2(图8.4—图8.7)。

3. 角色扮演。角色扮演是一种模拟真实语言情景的英语课堂活动。在这种活动中，学生扮演某个语言场景中的不同人物角色，这种练习有利于学生把所学的语言知识运用到具体的交际场合中去。该游戏不但能锻炼学生的语言能力，也能提高学生的交际能力。具体应用请参照游戏3(图8.8—图8.9)。

8.1.1　游戏1

(1)教学目的：

①掌握If条件句的用法。

②能将语法现象和具体生活的情境联系起来。

(2)教学内容：学习、理解并掌握If条件句的用法。

(3)课件说明：

①课件描述：本游戏课件适用于语法句型的学习，根据所给图片朗读含有相同结构的句子，感知相关语法、句型结构以及所蕴含的因果关系。

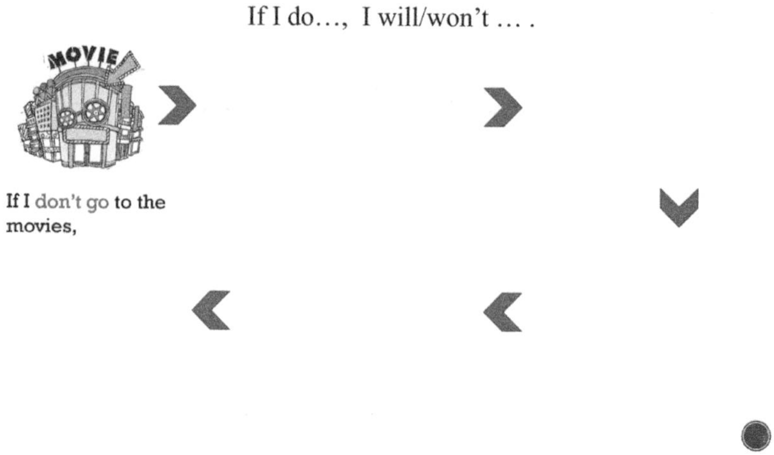
If I do…, I will/won't ….
If I don't go to the movies,

图 8.1

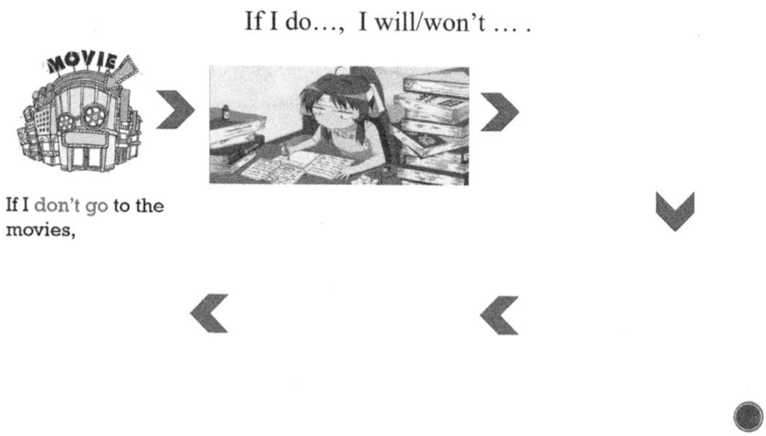
If I do…, I will/won't ….
If I don't go to the movies,

图 8.2

If I do…, I will/won't ….
超常发挥

图 8.3

②课件使用方法：首先教师将学生分组，然后，依次向学生展示图片即相应文本，学生以小组为单位进行朗读，注意含有相同结构的句子，并思考接下来会发生的事情，感受其中所蕴含的因果关系。图片展示完后请学生思考归纳出相关语法与句型结构，达到熟练使用的目的。

③课件制作：本游戏课件制作过程稍微复杂。首先，该游戏是一个连锁反应的过程，所以教师要插入箭头符号来提示游戏进程。其次，按照先后顺序依次插入图片和文本框。最后，给图片和文本框设置触发器，即箭头，呈现效果如图 8.3，点击箭头触发器，会出现下一环节的图片和文本框。

④活动拓展/变体：本游戏也可以拓展为学生接力赛。首先，学生按照一定顺序进行编号，全班同学依次发言。例如 1 号同学可第一位发言“If I don't go to the movies，I will work hard”；2 号同学则需要根据 1 号同学的发言进行后续接力，如“If I work hard，I will get an A in the exam”；3 号同学需要根据 2 号同学的发言接力发言，“If I get an A in the exam，I will…”；以此类推，直到最后一位同学发言完毕。

8.1.2 游戏 2

(1)教学目的：

①掌握句型“How is the weather…”(提问天气)的用法。

②能将语法句型和具体生活情境联系起来用于日常生活中。

图 8.4

Go!
1 2 3 4
5
6
How is the weather today?
Hi~
It's cloudy.

图 8.5

Go!
1 2 3 4
5
6
How is the weather in Beijing?
Beijing

图 8.6

Go!
1 2 3 4
5
6
How is the weather in Beijing?
Beijing
It's sunny.

图 8.7

(2)教学内容：学习、理解并掌握句型“How is the weather…”的用法。

(3)课件说明：

①课件描述：本游戏课件适用于语法句型的学习，根据所给图片朗读含有相同结构的句子，感知相关语法句型结构。

②课件使用方法：本课件是请学生自由挑选数字来选择需要回答的问题。例如上图，首先点击数字，然后回答所对应问题“How is the weather in Beijing?”答案需要学生根据图片来回答“Sunny”。

③活动拓展/变体：本游戏也可以设计成归纳法教学，即让学生先观察图片和对话，通过小组讨论分析，归纳出语法句型，培养学生的归纳推导能力，从而逐步使学生的思维发展有质的提高。

8.1.3 游戏 3

(1)教学目的：

①学生限时记忆后进行复述、总结等口语产出活动。

②能将语法句型和具体生活情境联系起来用于日常生活中。

(2)教学内容：学习、理解并掌握句型“What's your favorite sport? ——My favorite sport is…”的用法。

图 8.8

图 8.9

(3)课件说明：

①课件描述：本游戏课件适用于情景语法句型的学习，该课件不仅进行了语法句型的练习，还锻炼了学生的短时记忆能力以及口语产出能力。

②课件使用方法：本课件是请学生在规定时间内观看对话，时间结束后隐藏对话，学生两人一组进行简单角色扮演、口头复述或其他口语产出活动。

③课件制作：首先把沙漏的动画复制粘贴到自己的 PPT 中，再把两个人物图片插入 PPT，然后分别放置两个对话框，把对话填写进去，动画效果设置成播放后隐藏并链接到下一张图片“Time is up”，时间与沙漏的时间一致。

④活动拓展/变体：本游戏也可以设计成课堂上限时阅读课本，之后请学生们做角色扮演、个人陈述，或是短情景剧表演。

8.2 半结构式产出游戏

设计理念：

1. 认知负荷。引导学生进入任务情景，为学生提供半结构式辅助，激活学生与任务相关的内容图式，有利于减轻学生在任务完成阶段的认知负荷。具体应用请参照游戏 1、游戏 2 和游戏 3。

2. 交际法。交际法产生于 20 世纪 70 年代初，强调课堂教学的交际性，遵循交际和以学生为教学主体的原则。其核心观点如下：(1)强调培养交际能力；(2) 教学内容符合学生的交际需求；(3)教学过程要交际化。具体应用请参照游戏 3。

8.2.1 游戏 1

图 8.10

(1)教学目的：

①掌握本节课所学词汇，并能进行简单描述。

②能清晰表达自己的观点想法。

(2)教学内容：学习、理解并掌握词汇的用法。

(3)课件说明：

①课件描述：本游戏课件适用于口语课和词汇课。通过对单词进行描述，既可加深学生对单词的理解，又可锻炼学生的口语能力。

②课件使用方法：将学生分成两组，每组轮流启动转盘，停止转动后对转盘指针指向的单词进行描述。

③活动拓展/变体：本游戏也可设计成全班练习和配对练习。全班练习要求教师随机在转盘上选单词，学生可以抢答，或者增加一点难度，让学生说一个应用该单词的句子。另外，本游戏也可以用来练习写作。例如，该类游戏可改成写作训练。要求学生独立完成游戏，过程中学生点击 Start 按钮依次选择 3 个单词，将选到的单词依次抄写在纸上，并用这三个单词写句子、语段或小故事，完成后教师可让学生进行展示并做出评价。

8.2.2 游戏 2

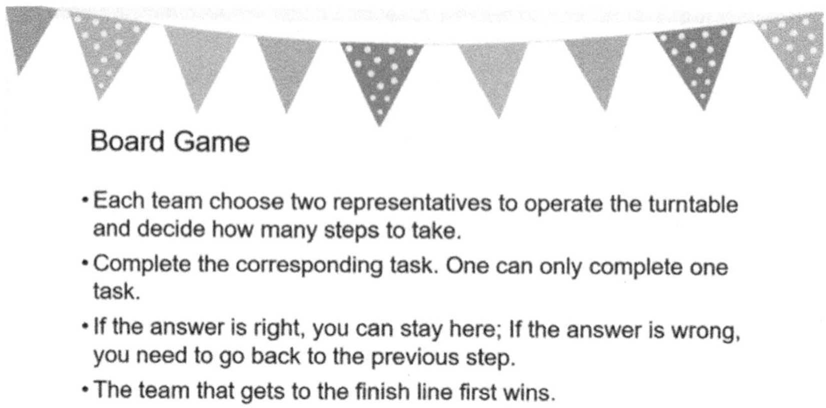

图 8.11

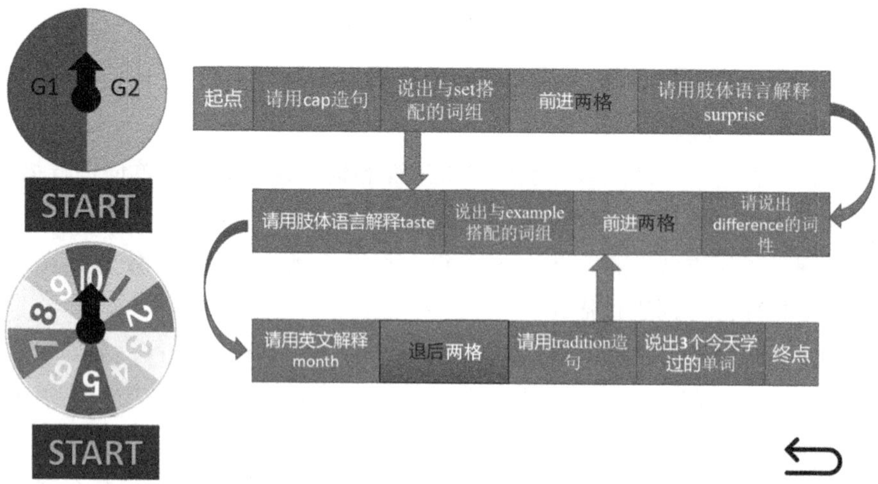

图 8.12

(1)教学目的：复习单词，应用单词。

(2)教学内容：通过造句、词组搭配、词义解释等多种方式学习、理解并掌握词汇的用法。

(3)课件说明：

①课件描述：本游戏课件适用于语言的综合性学习，不仅可以练习或复习语法和单词，锻炼口语产出能力，还可以培养学生单词的发散思维能力，具有较强的对抗性和趣味性。

②课件使用方法：把学生分成两组，每组分别派出一个代表，用第一个转盘确定先后顺序，第二个转盘确定游戏的格数，比如站在起点，转到数字

5，应该跳到“请说出 difference 的词性”这一格上，这时该学生需要说出“difference 是名词”，然后换另一位学生，第一位到达终点的学生(小组)获胜。

③活动拓展/变体：本游戏也可以设计成两人一组进行，保证每一位学生都能参与其中。在此基础上，本游戏可以拓展为学生间的随机提问，学生 A 即兴向学生 B 提问，例如“请说出 difference 的反义词”，更加灵活的形式最大程度地考验学生的应变能力和思维能力。

8.2.3 游戏 3

图 8.13

(1)教学目的：

①学生通过短时间的记忆、讨论、分析后能进行角色扮演等口语产出活动。

②能与具体生活情境联系起来。

(2)教学内容：学习、理解并掌握日常对话。

(3)课件说明：将学生分成两组，首先观看一段两人对话的视频，两组学生分别关注对话的一方，观看后针对对话内容进行小组讨论，之后两组分别派出一位代表进行角色扮演，可按照视频原本内容，也可通过小组讨论对内容进行改动，或者请一位学生代表进行复述。请学生在规定时间内观看对话，时间结束后隐藏对话，学生两人一组进行角色扮演、复述等口语产出活动。

8.3 自由产出游戏

8.3.1 游戏 1

Make a short speech on healthy diet pyramid!

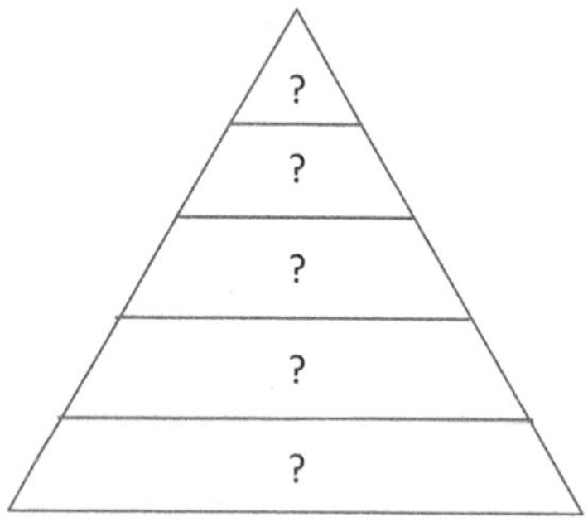

图 8.14

Click the “clue” to get the hints.
Ask your partner to guess the food in turn.

CLUE **ANSWER** **HOME**

图 8.15

- This level contains protein.
- The food are delicious and popular.
  They can provide people with energy.

图 8.16

图 8.17

(1)教学目的：

①学习饮食的分类，理解健康饮食的含义。

②学会合作学习与探究型学习。

(2)教学内容：主动探索健康饮食的分类，完成健康饮食金字塔。

(3)课件说明：

①课件描述：本游戏课件适用于探究型学习，学生分组负责任务的一个模块，最后汇总成一个成果，锻炼学生的主动探索能力与发展思维能力。

②课件使用方法：请学生分成 5 组，每一组负责金字塔的一个层级，将自己负责层级的内容填充到金字塔中，形成一个内容完整的金字塔。例如主题是“健康饮食”的金字塔(如图 8.17 所示)，分为 5 个层级，每一层级都带有一定的线索，每组学生需要根据各自层级的线索找到相应的子元素填充进去，如点击最下面一个层级，会显示出“clue”“answer”“home”三个按钮，“clue”是关于这一层级的线索即“The level contains protein. The food are delicious and popular. They can provide people with energy. ”“Answer”是答案，即“Oil and fat”。“Home”是返回游戏主页面，即空白的健康饮食金字塔。最后每组的答案合在一起形成一个完整的健康饮食金字塔。

③活动拓展/变体：本游戏也可以设计成主题探索形式。教师给定学生探索主题，学生可根据主题自由发散思维，选择感兴趣的点展开探索，即学生不拘泥于教师给定的范围，这种形式更加锻炼学生的主动探索能力，最后呈现的结果也多种多样。

8.3.2 游戏 2

(1)教学目的：词汇或句式的应用及复习。

(2)教学内容：应用所学单词编写小故事。

(3)课件说明：

①课件描述：本游戏课件适用于口语或笔语的产出教学。

②课件使用方法：本课件是请学生从 Bingo Game 的表格中挑选 5 个单词，这 5 个单词的位置必须能形成一条直线(可横着、竖着、斜着)。挑选单词完成后，学生需要用这 5 个单词按照一定逻辑造句并形成一个简短的小故事。

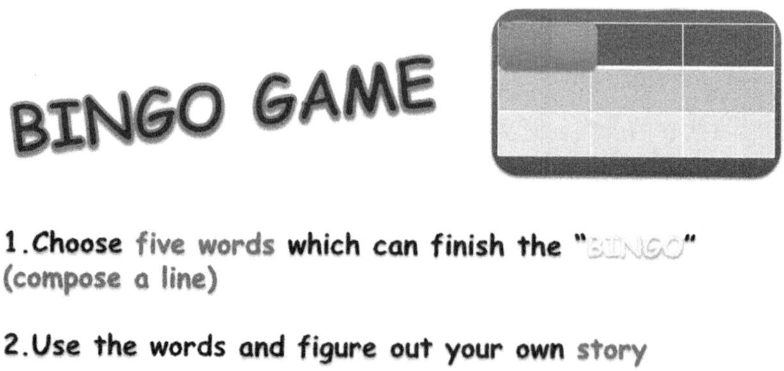

图 8.18

BINGO GAME

friend	drive	book	hotel	dog
road	chocolate	shoes	school	plane
bus	cook	monster	homework	computer
swim	rain	bottle	mother	chair
banana	coffee	black	eat	umbrella

图 8.19

参考文献

[1]Andersson, U. The contribution of working memory capacity to foreign language comprehension in children [J]. Memory, 2010, 18(4): 458-472.

[2]Bolton, G. E. Game theory's role in role-playing[J]. International Journal of Forecasting, 2002, 18(3): 353-358.

[3]Bouma H. Visual search and reading: Eye movements and functional visual field: A tutorial review[C]. Attention and performance Ⅶ: Proceedings of the seventh international symposium on attention and performance, Sénanque, France, August 1-6, 1976/ed. J. Requin. Erlbaum, 1978: 115-147.

[4]Beel, J. & Langer, S. An Exploratory Analysis of Mind Map[J]. DocEng 2011: Proceedings of the 2011 Acmsymposium on Document Engineering, 2011: 81-84.

[5]Chen, H. & Yang, T. The impact of adventure video games on foreign language learning and the perceptions of learners[J]. Interactive Learning Environments, 2013, 21(2): 129-141.

[6]Daneman, M. & Carpenter, P. A. Individual differences in working memory and reading[J]. Journal of Verbal Learning & Verbal Behavior, 1980, 19(4): 450-466.

[7]Jurcenko, A. Applying Task-based Language Learning Method for Teaching Vocabulary[J]. Rural Environment, Education, Personality, 2015, 8 (8): 423-428.

[8]Joh, J. Interplay of Working Memory, Strategy Use, and Task Difficulty in L2 Reading Comprehension[J]. Journal of Asia TEFL, 2018, 15(4): 900-914.

[9]Kail, R. & Hall, L. K. Distinguishing short-term memory from working memory[J]. Memory & Cognition, 2001, 29(1): 1-9.

[10]Lu Hongliang, Liu Quanhui & Zhu Xia. Enhancing effect of repetitive transcranial direct current stimulation and Schulte grid training on attention of healthy undergraduates[J]. Academic Journal of Second Military Medical University, 2021, 42(2): 197-202.

[11]Lu, J. , Behbood, V. & Zhang, GQ. Transfer learning using computational intelligence: A survey[J]. Knowledge-Based Systems, 2015, 80:

14-23.

[12]Milosavljevic, D. & Stankovic, V. Fast Reading And Comprehension-Upgrading Competence For Esp[J]. Journal of Teaching English for Specific and Academic Purposes, 2017, 5(2): 369-365.

[13]Rayner, K., Schotter, E. R., Masson, M., Potter, M. C. & Treiman, R. So much to read, so little time: how do we read, and can speed reading help? [J]. Psychological Science in the Public Interest A Journal of the American Psychological Society, 2016, 17(1): 4-34.

[14]Ricker, T. J. The Role of Short-term Consolidation in Memory Persistencence[J]. Aims Neuroscience, 2015, 2(4): 259-279.

[15]Sato, T., Matsunuma, M. & Suzuki, A. Enhancement of Automatization Through Vocabulary Learning Using Call: Can Prompt Language Processing Lead to Better Comprehension in L2 Reading? [J]. Recall, 2013, 5(1): 143-158.

[16]Steve, M. Language repetition and short-term memory: an integrative framework[J]. Frontiers in Human Neuroscience, 2013, 7: 357.

[17]Taguchi, E., Gorsuch, G., Lems, K. & Rosszell, R. Scaffolding in L2 Reading: How Repetition and An Auditory Model Help Readers[J]. Reading in A Foreign Language, 2016, 28(1): 101-117.

[18]Woods, J. A. & Dewhurst, S. A. Putting false memories into context: the effects of odour contexts on correct and false recall[J]. Memory, 2019, 27(3): 379-386.

[19]Wan Lihong, Lai Shuying & Lin Xiyin. Effects of scene teaching in bilingual teaching of undergraduate students[J]. Chinese Journal of Nursing, 2006, 41(3): 251-253.

[20]Zhuang, F. Z., Qi, Z. Y. & He, Q. A Comprehensive Survey on Transfer Learning[J]. Proceedings of the IEEE, 2021, 109(1): 43-76.

[21]程娟. 思维导图在小学英语课堂教学中的运用探究[J]. 新课程导学, 2020(27): 97—98.

[22]陈国鹏, 王晓丽. 短时记忆及其策略一生发展的横断研究[J]. 心理科学, 2005(4): 812—815.

[23]高艳. 游戏教学法在初中英语语法教学中的应用研究[J]. 延安大学, 2020: 131—133.

[24]郭昱含. 探究迁移理论在英语知识点教学中的运用[J]. 教育现代化,

2017(38)：239—240.
[25]何祖学．多媒体环境下高中英语听说教学情感策略分析[J]．科学咨询(科技·管理)，2013(5)：36—37.
[26]刘德林．激情悦读，落实英语教学情感策略[J]．海外英语，2017(18)：17—18.
[27]刘惠娟．运用情感策略提高初中学生英语能力的教学研究[J]．外国中小学教育，2004(7)：49—51.
[28]刘建海．任务型教学法在英语口语教学中的应用探析[J]．北京印刷学院学报，2021，29(4)：113—116.
[29]刘良翠，汪涓．提高大学生英语快速阅读能力的研究[J]．首都医科大学学报(社会科学版)，2010(1)：322—324.
[30]李旺先，张电扇，王媛媛，等．阅读中的眼动方法述评[J]．吉林省教育学院学报，2011(1)：129—131.
[31]欧凤玲．“多媒体+”融合高中英语阅读课堂的策略[J]．中学教学参考，2021(3)：22—23.
[32]浦馨．谈小学英语角色扮演教学中“让学引思”的融入[J]．英语广场，2020(24)：131—133.
[33]任玚．思维导图在初中英语读写教学中的应用探究[J]．甘肃教育，2019(15)：1.
[34]尚文静，王国华．思维导图在英语学习策略中的应用探析[J]．长春师范大学学报，2018，37(1)：183—186.
[35]王爱支．英语阅读教学中逻辑推理能力的培养[J]．鄂州大学学报，2008(3)：54—56.
[36]王蓓．创造情境，促进课堂实效——基于情境教学法之上的小学英语教学探析[J]．校园英语，2021(11)：186—187.
[37]王兰．词块教学引起的有意注意效能性的实证研究[J]．成都师范学院学报，2014(7)：45—48.
[38]王政红．浅谈中职英语教学中阅读方法的优化[J]．新课程研究，2020(23)：36—37.
[39]王祉燕．运用多媒体技术培养学生英语阅读的思维能力——以人教版六上 Unit 3 “My weekend Read and write”为例[J]．校园英语，2021(19)：178—179.
[40]许婷．关注任务呈现提高任务型教学效率[J]．英语广场(学术研究)，2012(1)：113—119.

[41]杨爱研，马悦．二语习得中的概念迁移现象及其教学启示[J]．吉林省教育学院学报，2019，5(3)：89-93.

[42]余素贞．情景交际教学法在初中英语教学中的应用策略探究[J]．考试周刊，2021(51)：107—108.

[43]杨雪艳．初中英语教学角色扮演对话的运用策略——以人教版初中英语教科书为例[J]．教育观察，2021，10(23)：85—87.

[44]赵菲．用多媒体技术助力高中英语阅读教学——以高中英语(译林版)M11 Unit 1 Reading 的教学为例[J]．语数外学习(高中版下旬)，2021(3)：80.

[45]邹建军，李光强．思维导图辅助英语阅读教学例谈[J]．教育科学论坛，2014(1)：27—29.

[46]仲敏．归纳法与演绎法在小学英语语法教学中的应用研究[J]．求学，2020(12)：1—52.

[47]张星龙．多媒体环境下高中英语听说教学情感策略分析[J]．英语广场，2018(1)：141—142.

[48]庄秀秀．巧用导图，激活思维——论思维导图在英语阅读教学中的巧妙运用[J]．新课程(中学版)，2016(3)：11—12.

[49]张元福．思维导图在英语阅读教学中的运用[J]．新课程，2016(4)：130.